儿童条理性训练

21天习惯养成记

徐敏明◎著

中国铁道出版社有限公司
CHINA RAILWAY PUBLISHING HOUSE CO., LTD.
2024年 · 北京

图书在版编目（CIP）数据

儿童条理性训练：21 天习惯养成记 / 徐敏明著 . —
北京：中国铁道出版社有限公司，2024.3
ISBN 978-7-113-30542-0

Ⅰ. ①儿… Ⅱ. ①徐… Ⅲ. ①习惯性－能力培养－儿童读物 Ⅳ. ① B842.6-49

中国国家版本馆 CIP 数据核字（2023）第 174224 号

书　　名： **儿童条理性训练**——21天习惯养成记
ERTONG TIAOLIXING XUNLIAN：21 TIAN XIGUAN YANGCHENG JI
作　　者： 徐敏明

责任编辑： 陈晓钟　马真真　　　**编辑部电话：**（010）51873697
封面设计： 仙　境
责任校对： 刘　畅
责任印制： 赵星辰

出版发行： 中国铁道出版社有限公司（100054，北京市西城区右安门西街8号）
印　　刷： 三河市宏盛印务有限公司
版　　次： 2024年3月第1版　2024年3月第1次印刷
开　　本： 880 mm×1 230 mm 1/32　**印张：** 7.75　**字数：** 180千
书　　号： ISBN 978-7-113-30542-0
定　　价： 69.00元

序

在假期的最后几天，你有没有陪过孩子熬夜补作业？

在上班的时候，你有没有接到过老师的电话，告诉你孩子某项作业忘带了，让你马上送去？

晚上孩子在家做功课时，你有没有遇到过孩子忘记了老师布置的作业？为什么其他孩子能够好好记录作业并按时完成，而你只能硬着头皮，在群里弱弱地问其他家长：“请问今天的作业是什么？”

你有没有隔三岔五地要给孩子买橡皮、铅笔？这些文具好像都长脚了，每隔一段时间就要和你捉迷藏。

心情好的时候，你可能会对孩子循循善诱，讲很多自认为重要的大道理；心情不好的时候，你甚至可能会怒发冲冠，大吼大叫。但是，很遗憾，无论怎样，孩子好像只能阶段性地改善，过一段时间又变回老样子，是这样吗？

你深深知道孩子做事没有条理性，这对现在的学习、未来的工作都有影响，你有心改变，却有力无处使，身心俱疲。有时，你可能也会这样自我安慰：毕竟是孩子，可能长大了就好了。我也是一个爸爸，面对孩子的一些问题，我也希望“长大了就好了”。但是，很遗憾，孩子的大部分问题并不会凭空消失。

看到这里，你也不要灰心，本书的目的并非给你增加焦虑，我只想和你讨论一下孩子为什么会出现以上种种问题。其实上面列举的种种情况都会使孩子面临各种麻烦，例如，不能按时完成作业，会受到老师的批评。孩子也不愿出现这种情况，不是孩子不想改，而是孩子缺乏关于条理性的有效指导和训练。

简单来说，孩子其实心里想做好，但缺乏相应的技能。所以，不是孩子本身有什么问题，他只是有可能在这些技能的发展上落后于其他孩子。如果只是技能上的问题那就好办了，你可以采用很多办法来帮助他。

那么如何做呢？基于这一问题，本书为你梳理了在不同场景下培养孩子条理性的方法、具体步骤及注意事项，助力孩子形成好习惯，为未来打下坚实的基础。

徐敏明

2023 年 8 月

目录

第一章 你真的了解孩子的条理性吗……001

第一节 具有条理性的孩子，会赢在未来……002

第二节 做个小游戏，认识孩子条理性……010

第三节 学会这三招，助你培养有条理性的孩子……019

第四节 孩子有条理，父母有方法……031

第二章 物品巧整理，生活有条理……039

第一节 孩子条理性培养，从玩具收纳开始……040

第二节 这样整理图书，既整洁又易找……053

第三节 生活物品也是培养孩子条理性的好帮手……063

第四节 做好这些清单，孩子出门不再丢三落四……073

第三章 玩游戏也能培养孩子的条理性……083

第一节 游戏这么玩，有趣又有用……084

第二节 数学小棒培养数感……091

第三节　乐高积木提高综合能力……099
第四节　扑克牌有妙用……110

第四章　说话有条理，表达更清晰……117

第一节　让孩子认识自我，从自我介绍开始……118
第二节　让孩子充分展示自我，从演讲表达开始……128
第三节　帮孩子学会解决问题，从家庭会议开始……138

第五章　孩子有条理，作业真轻松……151

第一节　记录作业内容……152
第二节　作业的时间管理……164
第三节　整理好学习用品，让学习效能翻倍……182
第四节　家长有规划，孩子有未来……194

第六章　培养条理性，学习好轻松……205

第一节　巧用思维导图，培养条理性思维……206
第二节　利用思维导图写作文……218
第三节　利用思维导图高效阅读……228

参考文献……239

第一章 你真的了解孩子的条理性吗

条理性不仅可以帮助孩子有效组织和管理自己的时间和资源，还能培养他们解决问题、制定目标和达成目标的能力。我们都希望孩子在生活和学习中养成做事有条理的好习惯，但你真的了解孩子的条理性吗?

本章我们将介绍培养孩子条理性的好处和必要性、儿童条理性的七大底层能力，以及如何通过条理性调查问卷对孩子的条理性进行评估。同时，从教会你、一起练和养习惯三个方面介绍培养儿童条理性的核心方法，在培养过程中，你需要从技能、情绪和关系上给孩子提供必要的支持。

第一节　具有条理性的孩子，会赢在未来

具有条理性的孩子在未来会获得许多优势和成功的机会。条理性不仅可以帮助孩子有效组织和管理自己的时间和资源，还能培养他们解决问题、制定目标和达成目标的能力。最重要的是，条理性还培养了孩子自律和坚持不懈的品质。具有条理性的孩子懂得如何克服困难，保持专注和毅力，这使得他们在面对挑战和竞争时，表现得更加坚定，也更有竞争力。

一、儿童条理性七大底层能力

其实，有些孩子在条理性方面有所欠缺，是缺乏了相应的能力，那具体是哪些能力呢？我总结了七种，分别是计划力、执行力、记忆力、灵活力、专注力、时间力、反思力。在本书中，我们称之为儿童条理性七大底层能力，具体见表 1–1。

表1–1　儿童条理性七大底层能力

能　力	定　义	举　例
计划力	能够自己制定目标，并把目标分为几个可以执行的行动步骤	能每日自行制订家庭作业计划；

续上表

能力	定　义	举　例
计划力		为自己的假期制订一份学习计划
执行力	能把想法变成行动，把行动变成结果。能控制自己的情绪着手去做一件事，而非拖延、逃避	放学时，能及时记录作业，而非和同学闲聊； 考试时，遇到不会做的题，仍然能够先高质量完成其他题目； 对阅读没有强烈的兴趣，却能在假期阅读老师推荐的图书
记忆力	主要是指工作记忆。在做一件事情的过程中，能够记住之前的一些信息和步骤，并且能将其应用到现在的事情中	在阅读第二段课文的时候，能记得第一段的大意； 晚上一边整理书包，一边思考明天带什么资料去学校
灵活力	能够根据环境变化，采取有效行动应对当前形势	做数学题的时候，一种解题思路不行，能尝试另外一种解题思路； 和小伙伴一起玩耍人数不够时，能及时调整游戏规则
专注力	能够持续关注目前要做的事情，即使对眼前的状况有所厌倦、疲惫	在家长不提醒的前提下，自己持续完成家庭作业； 上课认真听讲，而不是想着没有看完的漫画； 专心倾听父母说话，而不是摆弄自己的玩具
时间力	能够预测自己做一件事情花多长时间，知道如何分配时间，确保在最后期限内完成任务	估算从家里到学校所需要的时间，能提前起床且不赖床； 能将老师推荐的书籍依次阅读完毕； 能够提前完成家庭作业以保障当天兴趣班的时间

续上表

能力	定　义	举　例
反思力	能够以旁观者的视角，对自己所处的情况进行客观分析，看看自己解决问题的过程是什么样的，哪里做得好，哪里做得还不够。做得好的地方如何保持，做得不够的地方如何优化	做错一道乘法计算题，能够发现自己在哪个步骤出现错误，能提醒自己下次做同类型题目时避免错误； 提前做完家庭作业，但晚上还是没有按时睡觉，自己能够发现可能是由于晚饭后观看电视的时间太长导致

1. 计划力

计划力是指孩子能够自己制定目标，并把目标分为几个可以执行的行动步骤的能力。在制订计划的过程中，计划力强的孩子能大体预测出行动带来的结果是否可以让自己离目标更进一步。

听起来好像有点抽象，但其实孩子几乎每天都需要这样的能力。例如，每天孩子都需要完成家庭作业，那他就需要具备计划力，能够自己安排家庭作业。今天的家庭作业有哪些，我什么时候完成，先做哪项家庭作业，先做英语、再做数学效率是否更高一点等。再比如假期很多孩子除了“玩玩玩”就不知道自己该干什么，那么这个时候制订一份科学的学习计划就显得尤为重要了。在假期，什么时候背古诗，什么时候参加篮球兴趣班，什么时候为下学期的学习做一些准备等，都需要孩子具备强大的计划力。

2. 执行力

执行力是指孩子能够让自己的想法变成行动，把自己的行动变成结果的能力。执行力强的孩子在行动过程中能够控制自己的情绪，而不是不断地拖延、逃避。例如放学时能够认真听老师布置家庭作业，而不是和周边的同学闲聊；考试的时候，遇到不会做的题目，能够控制情绪，先把其他题目高效完成；孩子对阅读没有强烈的兴趣，但是因为老师布置了阅读任务，他自己能够主动阅读老师推荐的图书……要做到这些，孩子都需要具有一定的执行力。

3. 记忆力

这里说的记忆力主要是指工作记忆。工作记忆就像思维的黑板，在这块黑板上，我们可以暂时放置一些信息，让这些信息暂时“住在脑海里”，然后我们可以对这些信息进行一些处理，将其与其他信息联系或转换为新的信息。

很多时候我们在做一件事时，需要记住之前的一些信息和步骤，并将其应用到现在的事情中，这就需要良好的记忆力了。例如孩子做数学应用题，当他读到题干后半部分内容时，还记得前半部分讲了什么，进而理解整道题，并在大脑中建立完整的解题思路，这时就说明孩子具备一定的工作记忆能力了。工作记忆维持的时间通常比较短，一般也就几秒钟。

4. 灵活力

灵活力是指孩子能够根据环境的变化，随机应变，采取更有效的行动来应对当前的形势。例如孩子做数学题，尤其是应用题时，发现一种解题思路不行，能从不同角度重新思考这个题目，尝试不同的解题思路，而不是钻牛角尖。再如孩子和小伙伴们一起做游戏，但有时人数不够，此时孩子能够及时调整游戏规则让游戏继续。这些都是灵活力比较强的表现。

5. 专注力

专注力是指即使孩子对眼前的情况有所厌倦、疲惫，依然能在家长不提醒的前提下，持续关注当前事项的能力。例如孩子在学校上课时能认真听讲，而不是想着没有看完的漫画。

6. 时间力

时间力就是我们通常说的时间管理。对孩子而言，时间力主要表现在：孩子能够预测自己做完一件事情花多长时间；知道如何分配时间，确保在最后期限内完成任务。

例如孩子能预计从家里到学校所需要的时间，从而提前起床且不赖床；能将老师推荐的书籍依次阅读完毕，而不是留到最后期限；能够提前完成家庭作业以保障当天篮球兴趣班的时间，而不是到了兴趣班时间手忙脚乱。

7. 反思力

反思力主要是指孩子能够以旁观者的视角对自己所处的情况进行分析，看看自己解决问题的过程哪里做得好，哪里做得还不够；做得好的地方如何保持，做得不够的地方如何优化。例如孩子做错一道乘法计算题，能够发现自己是因为没有进位而导致计算结果错误，能提醒自己下次做同类型题目时记得进位，而不是简单地归因为粗心马虎。反思力要求孩子能够思考自己的思考过程，这种能力非常重要，因此培养难度相对大一些，需要父母在后续的训练计划中做大量引导。

以上就是我们所说的儿童条理性七大底层能力，这七项能力并不是单独培养的，而是在孩子生活、学习过程中综合培养的，后面将详细阐述。

二、儿童条理性训练的必要性

如果孩子学习并训练了与条理性相关的能力，那么会有什么样的变化呢?

我们可以从四个方面进行展望:管理物品、管理时间、管理事项、管理思维。具体见表 1–2。

表1–2 儿童条理性场景分类表

场景分类	具体情形	需要的条理性底层能力
管理物品	有序整理物品 • 整理文具盒、书包、房间、书桌、玩具 • 通过合适的文具分类保存试卷	• 专注力 • 记忆力 • 灵活力 • 执行力
管理时间	高效利用时间 • 估计完成一件事情需要用多长时间 • 对使用的时间有较为准确的感知 • 将事项安排融入日程 • 记住并遵守和他人的约定 • 根据实际情况重新分配时间	• 专注力 • 记忆力 • 灵活力 • 反思力 • 时间力

续上表

场景分类	具体情形	需要的条理性底层能力
管理事项	制定目标、分解目标、达成目标 • 选择一个想要达成的目标 • 将目标分解为达成目标的具体步骤 • 思考每个步骤需要什么资源 • 预估完成每个步骤需要花费的时长 • 确定是否使用清单标准化执行 • 安排各个步骤执行 • 根据反馈及时调整计划 • 检查最终完成结果	• 专注力 • 记忆力 • 灵活力 • 反思力 • 计划力 • 执行力 • 时间力
管理思维	做游戏、说话、学习更有条理性 • 利用合适的思维框架进行自我介绍、演讲、家庭会议等 • 利用思维导图学习、阅读、写作、背单词、解数学题等	• 专注力 • 记忆力 • 灵活力 • 反思力

1. 管理物品

在管理物品这个类别中，条理性强的孩子可以自己整理文具盒、书桌、房间、玩具等。而上了小学的孩子，能够把自己的参考资料、试卷等按照不同的类别归类到文件夹中，这也是条理性强的表现。

在管理物品的过程中，孩子需要具备一定的专注力、记忆力、灵活力和执行力。孩子需要专注于归类资料这件事；需要记住刚刚已经整理了哪些资料，剩下的资料如何分类；持续执行，直到完成。如何通过整理物品培养条理性？这部分内容在第二章进行详细探讨。

2. 管理时间

在管理时间这个类别中，条理性强的孩子既可以估计完成一件事情需要的时间，也能对已使用的时间有较为准确的感知，并把要做的重要事情合理安排到日程中，同时会严格遵守自己和他人的约定。如遇突发情况，他们还能根据实际情况重新分配时间。

在管理时间的过程中，孩子需要具备专注力、记忆力、灵活力、反思力及时间力。如何通过管理时间来培养条理性？这部分内容在第五章进行详细探讨。

3. 管理事项

在管理事项这个类别中，条理性强的孩子能制定目标、分解目标、达成目标。例如想要达成两周写一篇读后感的小目标，孩子会思考怎么选书、读书、写读后感这几个步骤：每一个步骤需要什么样的资源，预估每个步骤需要花费的时长，确定是否使用清单标准化执行这些步骤，然后根据反馈情况调整计划，最终达成目标。

在管理事项的过程中，孩子需要具备专注力、记忆力、灵活力、反思力、计划力、执行力及时间力。很多人可能会觉得这个要求对孩子来说是不是太高了？看起来确实挺难，但是按照本书中的方法在条理性训练中给予孩子一定的帮助，实现起来并不难。这部分内容会在后面章节详细介绍。

4. 管理思维

在管理思维这个类别中，善于管理自己思维的孩子，他们在平时做游戏、说话、学习时会表现得更有条理性。在管理思维的过程中，孩子需要具备专注力、记忆力、灵活力及反思力。

在本书第四章，我们会教孩子利用科学的思维框架进行自我介绍、演讲表达、召开家庭会议，以此锻炼孩子在表达方面的条理性。在本书第六章，我们会教孩子利用思维导图进行学习，比如阅读、写作等。

总的来说，孩子的条理性能力会在上面提到的四大场景中得到提升，而条理性能力的提升又会促使孩子把事情做得更好。这就形成了一个“因增强果、果增强因”的增强回路，从而让孩子的成长得到螺旋式上升。

第二节　做个小游戏，认识孩子条理性

在孩子的成长过程中，有条理性是一个非常重要的品质。游戏是一种非常有趣的方式，在认识和发展孩子条理性方面，我们可以借助游戏这种形式。通过小游戏，孩子可以更加轻松地学习如何组织和管理事物，以及如何合理安排时间。

一、游戏化教学——我要做“王者”，搞定“小魔怪”

游戏化教学是一种将游戏元素引入教学的方法。通过游戏，我们可以和孩子更加轻松地锻炼条理性。

1.“小魔怪”是谁

孩子可以在管理物品、管理时间、管理事项和管理思维四个方面锻炼条理性，但在实际过程中存在各种各样阻碍孩子的因素，我们以孩子的口吻把这些阻碍因素称为条理性“小魔怪”。

那么，有哪些“小魔怪”会让孩子犯条理性错误呢？

忘记“小魔怪”——例如，当晚上孩子根据明天的课程整理书包的时候，“小魔怪”就会对孩子说：“哎呀，这么认真干什么？即使忘记带了也没关系嘛。”

乱丢“小魔怪”——当孩子在家做一道数学题时，在一片狼藉的桌上找不到直尺，这时乱丢“小魔怪”就会对他说：“不见就不见了呗，这好像也没什么大不了嘛。”

时间“小魔怪”——当父母要求正在玩手机游戏的孩子做家庭作业时，时间“小魔怪”就会说：“急什么呢，再玩一会儿，反正有的是时间。”

计划“小魔怪”——当在假期孩子做学习计划的时候，计划“小魔怪”就会跟他说：“为什么要做计划呢？每天按照自己的想法做就好了，做计划多不自由啊。”

2.“小魔怪”的出现对孩子有什么好处

作为成年人，你也许会觉得这样的方式不是自欺欺人吗？孩子没有做好就是孩子自己的责任，我们怎么可以如此放纵孩子？确实，条理性的养成是孩子自己的责任，这无可厚非。但是，我们这样设置有以下好处。

首先，降低孩子的心理压力，让孩子知道有些时候任务完不成，是因为有这么一个“小魔怪”存在，而不完全是“我”这个人不行。

其次，创造孩子和父母共同解决问题的氛围。当我们跟孩子说，狡猾的“小魔怪”总是想让他出错时，孩子通常会觉得“哦，原来是这样啊……”

再次，“小魔怪”这一形象的出现符合孩子对问题的认知习惯，把抽象化的东西具象化，这样孩子更容易在条理性训练过程中接受问题，进而解决问题。

最后，我们把阻碍因素称为“小魔怪”，这里面会有一些游戏化元素。在进行调理性训练时，孩子往往想做“小英雄”，打败“小魔怪”。这个“小英雄”我们称为“王者”。大部分孩子都喜欢游戏，想做“王者”，一次次“升级打怪”。把游戏化元素融入相对严肃的条理性训练，再配合本书后面的积分系统，这种形式孩子更愿意接受。

二、孩子条理性调查问卷

读到此处，相信你对条理性已经有了一定的了解，但你可能想对孩子的条理性做一个更准确的评估，因此我们设计了条理性调查问卷。由于4—12岁孩子存在差异性，所以我们按照年龄段设计了三份问卷，分别针对4—6岁、6—9岁、9—12岁孩子，你可以根据孩子的年龄选择相应的问卷。

1. 4—6 岁孩子条理性调查问卷

仔细阅读问卷中的选项，根据孩子平常的实际表现打分（每项满分均为 5 分），然后把连续三项的分数加起来分别填到“三项得分”中（每三项对应一种条理性底层能力），具体见表 1-3。

表1-3 4—6岁孩子条理性调查问卷

评分项	分 数	对应的条理性底层能力
父母提示睡觉时间到了，能够按时睡觉		执行力
在有提示的前提下，能够遵守和父母的合理约定。例如，吃饭之前先洗手		
父母给出明确的合理指示时，能在较短的时间内行动。例如，帮忙拿一个物品		
	三项得分：	
执行简单的事项。例如，按照父母的要求拿出卫生间的袜子		记忆力
能够记得父母刚刚说的要求。例如，把玩具放到对应收纳盒里		
在有提示的前提下，完成 2—3 步的简单动作。例如，走到书架前面，找到某一本书，拿过来给父母		
	三项得分：	
可以在父母的指导下完成简单的家务。例如，捡起地上的纸片		专注力
在学校，能够按照老师的要求，坐在自己座位上 15—25 分钟		
能够安静地听父母讲 1—2 本绘本		
	三项得分：	

续上表

评分项	分　数	对应的条理性底层能力
做一件新事情之前，能够先把手头的事情做完		计划力
能够完成简单的手工。例如，完成简单的剪纸		
能够和小朋友一起玩“假装”游戏。例如，一起玩“过家家”		
	三项得分：	
可以不拖延地完成洗漱		时间力
有必要时，能够快速做一件事情。例如，着急出门时，能赶快穿鞋子		
在规定的时间内，完成一件简单的事情		
	三项得分：	
能够较快适应改变后的计划		灵活力
在父母的安慰下，能够较快走出负面情绪		
和小朋友玩耍时，愿意分享自己的玩具和物品		
	三项得分：	
在一次尝试失败之后，能够较快调整以便更好地达到目的		反思力
关于怎样搭乐高积木能够给其他小朋友一些建议		
完成一个简单的目标，可以尝试不止一种解决方法。例如，尝试自己拿高处的东西，也可以请父母帮忙		
	三项得分：	

填完表格后，把得分最高的和得分最低的两个“三项得分”圈出来，它们分别对应孩子最擅长和最不足的条理性底层能力。

2. 6—9 岁孩子条理性调查问卷

仔细阅读问卷中的选项，根据孩子平常的实际表现打分（每项满分均为 5 分），然后把连续三项的分数加起来分别填到“三项得分”中（每三项对应一种条理性底层能力），具体见表 1-4。

表1-4　6—9岁孩子条理性调查问卷

评分项	分　数	对应的条理性底层能力
在与父母通话时，能够耐心等父母先挂断电话（父母可以用明确的语言提示孩子：好了，我没什么问题了）		执行力
在家里，能够每天在固定时间段写家庭作业（父母可以提醒）		
在环境发生变化时，能够迅速调整自己的行为。例如，上课铃一响，就立刻安静下来		
	三项得分：	
能够记住父母 3 分钟前下达的指令，可以让孩子复述来检查		记忆力
能够把老师要求带回来给父母的签字单等保存好，并交给父母		
能够完成需要三步操作的指令。例如，用拖把，把卫生间擦干净，然后记得清洗拖把		
	三项得分：	
能够专注 20—30 分钟完成家庭作业		专注力
能够完成需要 15—20 分钟的家务活，而且在做家务时不做其他事情		
能够在一顿饭的时间内好好吃饭，不做其他事情，比如看手机		
	三项得分：	

续上表

评分项	分数	对应的条理性底层能力
能够在父母协助下有计划地完成一项较复杂的家庭作业。例如，阅读一篇经典文章后写读书报告		计划力
当做一件事情被打断时，能够在回来后，接着完成任务		
在想买喜欢的玩具或物品时，能够想到赚钱或存钱的方法（也可以是可兑换金钱的积分）		
	三项得分：	
在家里，能够在设定的时间内，完成一项简单的任务。例如，5分钟内穿好衣服		时间力
在家里，能够在截止时间之前，完成一项简单的家务活。例如，在父母下班回家前，整理好玩具		
在家里，能够在设定时间内，完成一项常规任务。例如，早上起床后20分钟内，背诵前一天学习的语文课文（父母可以提供帮助和陪伴练习）		
	三项得分：	
在集体活动中，如果没有被安排担任负责人，仍然能够和大家相处得很好		灵活力
被老师指出没有遵守规则，当老师发出新的指令时，能够接受新指令，不排斥		
在遇到意外情况时，能够轻松应对		
	三项得分：	
在收到父母或老师的反馈时，能够积极回应并调整自己的行为		反思力
在集体活动中，当看到别人做得好或不好的地方时，能够学习或调整自己的行为		
在遇到问题时，能够尝试找到多种解决方案，并从中选出最适合的方案		
	三项得分：	

填完表格后，把得分最高的和得分最低的两个“三项得分”圈出来，它们分别对应孩子最擅长和最不足的条理性底层能力。

3. 9—12 岁孩子条理性调查问卷

仔细阅读问卷中的选项，根据孩子平常的实际表现打分（每项满分均为 5 分），然后把连续三项的分数加起来分别填到“三项得分”中（每三项对应一种条理性底层能力），具体见表 1–5。

表1–5　9—12岁孩子条理性调查问卷

评分项	分　数	对应的条理性底层能力
与他人发生冲突，在父母没有到来时，能够遵守学校和老师的规则		执行力
在游戏输了或比赛没有获奖时，能够有稳定的情绪，不产生过激反应		
能够一次性完成 3—4 项课堂学习任务。例如，默写 10 个生字、背诵一段课文、写一篇小作文		
	三项得分：	
能够清楚知道自己每天的日常事务安排		记忆力
在出去玩耍准备回家时，能够记得把玩具和随身物品收好并带回家		
在放学回家时，能够把需要的书、作业、通知等收好带回家，第二天再带回学校		
	三项得分：	
能够完成一项耗时 30—60 分钟的家庭作业（中途可以休息一次）		专注力
能够完成一项耗时 30—60 分钟的家务活（中途可以休息一次）		
能够完整参加 60—90 分钟的活动		
	三项得分：	

续上表

评分项	分数	对应的条理性底层能力
为了锻炼一项技能，能够按照计划表长期练习。例如，每天练琴两小时，每天跳绳20分钟		计划力
在父母协助把长期作业拆解为很多步骤后，能够按照步骤最终完成。例如，按步骤完成寒假作业		
能够制订并完成一个和朋友一起的特别活动计划。例如，和朋友一起看一场电影		
	三项得分：	
能够在截止时间之前，自主完成作业		时间力
在遇到突发情况时，能够调整作业计划。例如，晚上临时要去看一场演出，可以提前完成作业		
在面对长期作业时，能够提前开始行动，以便缓解时间压力		
	三项得分：	
比较少地陷入负面情绪		灵活力
在出现意外状况时，能够及时调整计划		
能够完成开放性的没有标准答案的家庭作业。例如，准备一个主题演讲		
	三项得分：	
能够分析和预测一个行为可能导致的后果，并作出相应调整，避免陷入麻烦		反思力
能够清晰表达问题的多种解决方案，并且能够准确分析和清晰表达最佳方案		
在做作业或学习时，喜欢做解决问题的部分		
	三项得分：	

填完表格后，把得分最高的和得分最低的两个“三项得分”圈出来，它们分别对应孩子最擅长和最不足的条理性底层能力。

4. 如何对待孩子的特长和不足

通过调查表，我们能够发现孩子在某些条理性底层能力上表现很棒，此时我们可以表扬孩子。例如，可以和孩子说:“你在不需要别人帮助的情况下，能够在截止时间之前自己做完作业，说明你的时间力超级棒哦。”

同样地，通过调查表，我们能够发现孩子在某些条理性底层能力上表现不佳，此时我们可能已经火冒三丈了。例如，回家以后，孩子把老师布置的作业忘得一干二净了。这个时候，我们可以做些什么呢？对存在不足的条理性底层能力，不要一味批评孩子。此时，我们可以和孩子说:“在条理性方面，我们大部分时候做得还是很不错的，但是在某某方面可能有‘小魔怪’在捣乱，我们能不能一起想办法制止这个‘小魔怪’呢?”

本书后面几章会与你探讨如何和孩子一起制止“小魔怪”，让孩子成为“王者”。尽管培养条理性能力有很多具体方法，但我还是希望你能够按照顺序阅读本书，这样你会对孩子条理性有更为全面的认知，正所谓磨刀不误砍柴工。

第三节　学会这三招，助你培养有条理性的孩子

培养孩子条理性的基础理念，是基于建构主义学习理论提出的

一种以学习者为中心、以培养孩子解决问题的能力和自主学习能力为目标的教学法。

该教学法一步一步地为孩子的学习提供适当的、小步调的线索或提示，这些线索和提示就像攀登者的支架一样，让孩子能够通过它们一步一步攀爬，逐渐发现和解决学习中的问题，掌握知识，提高问题解决能力，进而逐渐成长为一个独立的学习者。这一理念是后人基于发展心理学家利维·维果茨基和儿童心理学家皮亚杰的研究成果发展而来的，有些学者也称之为“支架式教学”。

上述理念落地到孩子条理性方面的培养，我总结了三个阶段，分别是教会你、一起练、养习惯。

一、教会你：如何分解任务——我说你听，我做你看

教会你，是指我们教授孩子相关的条理性技能，最终的目标是让孩子学会分解任务，可以采用的具体做法是“我说你听”和“我做你看”。我们以孩子写作业这个高频事件来举例。关于家庭作业这件事，我们应该如何分解呢？具体如下。

1. 什么时候开始写作业

我们可以告诉孩子，写作业需要安排在每天固定的时间段。例如，每天放学到家稍作休息之后，就要开始写作业，而不是先玩两小时游戏，才想起作业还没写。在这个过程中，你可以展示具体的做法。例如，写作业时，首先拿出书本和文具等，然后按照作业记

录表，逐个完成。

但是注意，假如孩子一周中每天的安排都不同，比如有不同的兴趣班，上课的时间点都不一样，就可能导致每天写作业的时间不能固定。这时，你可以和孩子一起设定每天不同的开始写作业的时间点。

2. 家庭作业应当在什么时候完成

设定了开始写作业的时间，我们也要设定作业应该在什么时候完成。有以下两点需要思考：

（1）作业应该花多长时间完成？

（2）如何设定完成作业的最晚时间点？

在这个过程中，我们可以进行适当地演示。如果今天的作业较少，我们就可以给孩子设定一个小时完成。如果今天的作业比平时多很多，那我们就可以不具体规定几小时完成，而是设置一个完成作业的截止时间点，比如晚上 9 点前必须完成，以保证孩子有足够的时间来完成作业。关于这些问题，都可以跟孩子一起协商，根据实际情况具体确定。

3. 在什么地方写作业

我们可以和孩子一起选定一个固定的作业地点，比如孩子的书房。如果孩子没有单独的书房，也可以在家选一个安静的空间固定为孩子写作业的专属地点。

选择固定的作业地点时需要注意，一定要让孩子能够轻松地拿到各类学习用品，比如书籍、文具、参考资料等，避免孩子在写作业的时候东找找西找找，破坏专注力。另外，这个作业地点要尽可能安静整洁，不要经常有人走来走去，桌面也不要太杂乱，这些因素同样会破坏孩子的专注力。

4. 孩子不能做什么

除了规定孩子写作业的时间、时长和地点之外，我们还要跟孩子一起商定写作业的时候不能做的事情。例如，在写作业时，不能看电视、玩手机、玩玩具，以及找父母或兄弟姐妹聊天等。

需要特别注意的是，我们务必要和孩子一起商定写作业的这些规则，在得到孩子认可后，让孩子清晰地知道这些规则。在正式执行规则之前，我们也可以和孩子一起进行适当的预演。你可以问孩子："假设你正在这里写作业，爸爸妈妈突然想到一个好玩的话题，你可以和我们交流吗?"利用这样的预演方式，我们可以让孩子更好地熟悉规则。

5. 孩子写作业的时候有问题要问，怎么办

当孩子写作业的时候，有时会有一些问题需要咨询我们，这个时候该怎么办呢？首先我们要跟孩子一起协商制定一些规则。例如，在写作业的时间段里是否能够提问等。

个人建议，在孩子写作业的时间段内，专注写作业。如果遇到问题，有两种方式可以选择。第一种方式，先集中记录问题，等作业时间结束之后一起提问。第二种方式，可以采用间隔式提问的方式。例如，先写半个小时语文作业，半小时之后向家长咨询遇到的问题，然后再开始下一个半小时的作业时间。两种方式都可以，我们可以根据自己的情况灵活选择。

6. 除了写作业还有其他事情吗

完成作业不仅仅是孩子完成老师布置的作业，还有一些其他事情同样需要完成。例如，整理文具盒、书桌，把所有的资料放到书包里，考虑哪些作业是需要父母检查并签字的，哪些作业需要带到学校让老师检查等。

所有这些事情，都需要和孩子协商一致，同样也按照“我说你听”和“我做你看”的方法，教给孩子并适当演示。

以上和大家讨论了孩子写作业这个典型的场景。我们采用“我说你听”的方式，让孩子了解规则。了解规则是执行规则的前提。同时，我们采用“我做你看”的方式，让孩子更直观地知道写作业的时候要做什么，不要做什么。通过这种方式让孩子真正学会分解任务，也就是我们讲的“教会你”。教会孩子，并不代表孩子就能做到，想让孩子真正掌握技能，我们还需和孩子“一起练”。

二、一起练：如何练习技能——你做我看，你说我听

陪伴孩子练习技能的两个要点是“你做我看”和“你说我听”。

“你做我看”是指孩子按照我们之前教授的技能学习，去实际执行技能。我们可以作为孩子的学习教练，客观观察孩子的技能掌握情况，必要时给予适当的反馈。

“你说我听”是指在执行技能时让孩子说明要做的下一步动作和规则是什么。通过这种方式，让孩子进一步熟悉并深刻理解规则和技能。

在这个阶段，需要注意两件事情。首先，我们需要学会如何正确提示孩子。其次，我们需要如实观察孩子，必要时给予指导。

1. 如何正确提示孩子

正确的提示方式，可以使提示效果翻倍；而不正确的提示方式，只能换来孩子的逆反。

（1）轻声地走近孩子，然后提示

很多父母会一边做着自己的事情，一边提示孩子。这样的提示，孩子可能没听见，也可能假装没听见，总之效果可能不太好。例如，一边在厨房做菜，一边大声地让孩子完成数学试卷，孩子就可能没办法知道你是在提示他了。所以，我们要轻声地走近孩子，然后做出提示。

（2）引起孩子的注意后，再提示

例如，看着孩子的眼睛，或者在不影响他的前提下，轻轻拍拍他的肩膀。等到孩子注意到你时，再做出提示。

（3）提出明确清晰的要求

我们希望孩子做到什么，或是我们希望孩子达成什么样的结果，最好能提出明确清晰的要求。例如，你可以说“我希望你完成数学作业之后，再阅读这本课外书”，而不是说“还不赶紧做作业”。相比于后者，孩子更愿意接纳前面的表达方式。

（4）一次只提示一件事情

很多父母特别心急，希望孩子能瞬间改变，于是一口气给孩子提出多个要求。其实这种时候孩子很可能会记不全，而且还有可能会因为提示太多，不知道该执行哪个而变得烦躁。所以，我们一定要克制自己，一次只提示一件事情。

（5）运用正面语气

我们在提示孩子的时候，尽量用正面的语气，而不是带着情绪去责难孩子。当然，有时候我们真的很难控制住情绪。例如，孩子作业的错误率大大高于平时，这个时候我们会有情绪是可以理解的。但是，在提示孩子的时候如果我们带着情绪，那么很有可能引发孩子的逆反，这样便会使双方的关系变得紧张，从而不利于解决问题。所以，我们需要调节自己的情绪，尽量采用正面语气进行提示。

（6）避免唠叨

唠叨是最低效的提示。当我们对孩子唠叨的时候，其实孩子也在逐渐关闭聆听的心门。我们越是唠叨，孩子越是听而不闻，他可能会想："又来了！又来了！不知道这次要说多久，烦死了。"在这种对抗的情绪下，孩子怎么可能听得进我们说的话呢？

（7）别提过去

一件事归一件事，千万不要翻旧账，这不利于孩子改变当前的行为习惯。例如，当孩子总是重复犯错的时候，我们可以说"你今天英文句子的首字母没有大写”，而不是说“你怎么又犯了昨天的错误，我和你说了多少遍了”。我们需要提示孩子处理的是当下这个问题，而不是借着昨天的问题来指责当下的孩子。

2. 如何观察孩子

在正确提示了孩子之后，如何才能如实观察孩子的执行效果呢？这里给大家提供一个家庭观察记录表（见表1–6），孩子每达到一个目标，就可以获得20个积分，每天最多可以积100分。

表1–6　家庭观察记录表

行　　为	第一天	第二天	第三天	第四天	第五天	第六天	第七天
目标1							
目标2							
目标3							
目标4							
目标5							
总分							
本周总得分							

我们以一个星期为一个周期，在一个周期内和孩子协商条理性方面我们需要达成的1—5个目标。孩子只要达成一个目标，我们就给孩子加20分，这样孩子一天最多就能得到100分。通过这样可视化的方式，我们能够如实观察孩子在一周之内条理性的执行状况。

使用这个表格的时候，需要注意以下几点：

（1）建议把表格贴在孩子能够经常看见的地方。

（2）每天和孩子简短讨论一下执行的状况。

（3）要多看见孩子的进步之处，更多地看见孩子得了几分，而不是有几分没有得到。

（4）对于孩子暂时不足的部分，要以鼓励为主，适当的时候和孩子讨论改善的方法。

每周更换一次家庭观察记录表，把孩子已经能够长期达成的目标给予表扬后删除，并增加下一个新目标。

三、养习惯：表扬、奖励——养成习惯，持续行动

最后一个阶段，要陪伴孩子一起养成习惯，并且能够持续做到，这样才是真正的内化，让条理性成为一种长久的习惯。那么，通过什么形式来陪伴孩子养成习惯呢？具体来说，就是要做到表扬和奖励。

1. 真诚而具体的表扬

表扬并不是说一句“宝贝，你真棒”这么简单。宽泛而千篇一律的表扬会让孩子不知道自己到底好在哪里。到底是因为什么行为、什么结果而赢得了表扬？爸爸妈妈是不是为了哄我而表扬我？我们表扬孩子的目的是希望孩子能持续好的行为。因此，在表扬孩子的时候，一定要遵循真诚而具体的原则，主要有以下方面。

（1）具体表扬

这种方式就是具体地描绘出孩子正确的行为。例如，“你今天

一放学回家就开始写作业了，妈妈觉得这个习惯特别好，咱们早早完成了作业，就有更多时间去做喜欢的事了”。这样做的目的，是让孩子知道他到底做好了什么事情，什么行为动作是可以持续去做的。

（2）确定你的表扬风格

在表扬孩子的时候，切忌过于夸张，孩子有可能会过于依赖表扬，不表扬就不干我们希望他做的事情。而且对于大一点的孩子，有可能会在心里怀疑，“有那么夸张吗？爸爸妈妈为了让我做这些事情故意的吧？”在表扬孩子的时候，我们只需要真诚而热情地去具体描述想表扬的行为就可以了。

（3）注意孩子的反应

对于平时很少受到表扬的孩子，在受到表扬时有可能很不自在。这时候，我们只指出孩子的所作所为非常好就可以了，不要表现得太过热情，以后每次都真诚而具体地表扬孩子，他慢慢会适应并且认同的。

（4）轻语言重行为

不要太执着于孩子口头上答应了什么，而要注意观察孩子在接下来的一周，是否在重复我们表扬过的行为。如果有，就要继续表扬；如果没有，也可以温柔地提示孩子，他可以怎样做得更好。

2. 制定积分与奖励的细则

要想培养孩子好的行为习惯，适当的奖励是必要的。但是不恰当的奖励方式又容易让孩子丧失内驱力，所有行为依赖外部奖赏。因此，在对孩子进行奖励的时候，需要关注以下方面。

（1）确定每天和每周的奖励

在奖励孩子的时候，需要设定每天和每周计划，每天结束之时给予孩子一个小小的奖励。这是对孩子当天的正确行为做及时反馈，让孩子的付出有小小的回报，激励他持续做下去。而到了每个周末，需要帮助孩子一起总结这一周来的收获，并给予一个比较大的奖励，这是鼓励孩子坚持，做长期主义者。

（2）积分办法

同家庭观察记录表，以一个星期为一个周期，在一个周期内和孩子协商条理性方面需要达成的1—5个目标，当孩子每达成一个目标，就给孩子加20分，这样孩子一天最多就能得100分，一周最多可得700分。

（3）奖励清单

给孩子设定奖励清单需要有每天和每周的奖励，下面我们就以例子来具体说明。

首先来看每日奖励“菜单”示例。

我们可以根据孩子的表现情况分级来奖励，这样既可以保证孩子拿到奖励的门槛不高，又可以鼓励孩子通过做得更好拿到更高的奖励。例如，第一级奖励可以设置为15分钟的娱乐时间，可以是听15分钟的音乐，玩15分钟的乐高积木，或者外出玩耍15分钟等。

第二级奖励可以在时间上有所延长，从15分钟延长至30分钟。例如，可以是听30分钟的音乐，玩30分钟的乐高积木，或者外出玩耍30分钟等。

那么，如何判断什么时候执行第一级奖励，什么时候执行第二级奖励呢？我们需要有明确的规则，可以依据家庭观察记录表的情况来设计奖励。第一级奖励可以设定为：若孩子一天挣得60%的分数（即挣得100分中的60分），就可以使用这个级别的奖励。第二级奖励可以设定为：若孩子一天挣得80%的分数（即挣得100分中的80分），就可以使用这个级别的奖励。

其次来看每周奖励“菜单”示例。

每周的奖励为一个大奖励，目的是培养孩子持之以恒的精神，经过一周的努力获得更大的奖赏。例如，第一级奖励可以是和父母或者朋友一起观看电影，还可以在最喜欢的餐馆吃顿饭，或者和爸爸一起在公园骑自行车，再或者花几十元购买歌曲或App会员等。第二级奖励的设置仍然是更高一些。例如，可以和父母或朋友到动物园或是游乐场玩一天，或者和同学打一天篮球，再或者给孩子买个喜欢的礼物等。

当然，到底是执行第一级奖励还是第二级奖励，也需要有明确的规则，同样，我们也可以依据家庭观察记录表来设计奖励，第一级奖励可以设定为：若孩子一周挣得60%的分数（即挣得700分中的420分），就可以使用这个级别的奖励。第二级奖励可以设定为：若孩子一周挣得 80% 的分数（即挣得 700 分中的 560 分），就可以使用这个级别的奖励。

（4）注意事项

积分和奖励制度在执行的时候，有以下注意事项。

①谨慎分配积分，不能太容易获得积分，同时也不能太难，以孩子踮起脚尖就能够着为原则。

②严格执行规则，不破例。

③根据孩子的兴趣爱好，用孩子喜欢的方式或奖品奖励孩子。

奖励是用来激励孩子的，由于每个孩子的兴趣各不相同，因此一定要让孩子参与奖励“菜单”的制定，这样效果才会更好。

第四节　孩子有条理，父母有方法

孩子条理性的培养，并不是孩子自己就能完成的，作为孩子成长过程中最重要的支持者和指导者，父母应该辅以合适的方法来帮助孩子培养条理性。

一、技能上给予孩子支持

如何在技能上给予孩子支持呢？根据前面提到的步骤，父母可以这样做。

（1）选择并熟悉第一批需要培养的五项技能。

（2）在家庭观察记录表上添加这些技能，作为第一批的五个目标。

（3）向孩子传授这些技能（在必要时运用“建设性的谈话”）。

（4）和孩子一同练习。

（5）提示和表扬孩子运用这些技能。

（6）当孩子使用了家庭观察记录表上的技能时，要给予积分和奖励。

（7）监测孩子是否已熟练掌握其中一项技能。

（8）从家庭观察记录表上撤下孩子已经熟练掌握的技能，并增加一项新的技能。

（9）熟悉这项新增加的技能。

（10）在家庭观察记录表上添加这项新技能作为新的目标。

（11）回到第三步，从那里继续下去。

在上述步骤中，还有以下两个注意事项。

（1）缩减：减少提示孩子的次数。要尽量减少提示孩子的次数，让孩子能够主动去完成。

（2）冲淡：减少奖励孩子的次数。在执行过程中，逐渐冲淡外部奖励，防止孩子产生依赖，否则不利于激发孩子自己完成事项的内驱力。

二、情绪上给予孩子支持

除了在技能上给予孩子支持，父母更应该在情绪上给予孩子支持。

1. 大吼大叫不能解决问题

在日常生活中，尽管父母知道自己应该保持冷静，遇事多包容，有话好好说，可是一旦事到临头，孩子稍微挑战一下底线，父母就很容易情绪失控，开始大吼大叫，从而导致严重的亲子矛盾。

为什么会出现这种情况呢？因为从表面上看，父母对孩子大吼大叫还是很管用的，至少暂时管用。有时候，父母尽量克制自己，好言好语和孩子摆事实讲道理说了好几遍，孩子却怎么也听不进去。但是，当父母提高音量近似咆哮的时候，孩子立马顺从了。当父母失去耐心的时候，就想快点解决问题，而大吼大叫可能是最立竿见影的方法。

但是，大吼大叫真的能让孩子听话吗？真的能从根本上解决问题吗？答案是否定的，否则就没有那么多为教育孩子而发愁的父母了。事实上，这种做法具有边际效益递减规律。也就是说，在孩子没有被吼叫过的时候，第一次被父母大吼大叫，带来的效用是很大的，因为孩子会被父母的阵势吓着，所以赶紧听话顺从。之后，随着父母吼叫孩子的次数增加，虽然从总体上看，效用还是有的，但每增加一次吼叫带来的效用增量却是逐渐降低的。简单地说，就是父母对孩子的吼叫一次比一次没有用。父母吼叫的次数越多，孩子对吼叫这种方式的免疫力就越强，直到完全没有反应。而当父母发现吼叫越来越没用时，又不得不提高音量，加大嗓门，加快语速，希望能通过这样的方式加强吼叫的效用。直到把自己逼到一种近似疯狂的状态，最后陷入亲子矛盾升级的恶性循环中。

因此，从本质上说，大吼大叫并不能解决问题，孩子的不良行为也不会因父母大吼大叫而有根本的改观。相反，大吼大叫只会让亲子关系陷入僵局。

有的时候，叛逆的孩子会故意捣乱，目的只是吸引父母的注意力，哪怕父母对他大吼大叫，也没关系。而且，孩子的模仿力极强，他会模仿父母的行为，当他习惯了在大吼大叫的环境中沟通时，也会用相同的方式和别人沟通，当然孩子也会用大吼大叫的方式跟父母沟通，以释放自己被压抑的情绪。父母希望孩子尊重自己、顺从自己，但是父母越是吼叫，孩子也就越叛逆。

2. 放弃对孩子的控制

大家可能尝试过通过说教的方法来管教孩子，甚至也尝试过通过惩罚的方法，但这些方法要么没效果，要么即便有效，有效期也很短。父母声嘶力竭，快被气死，而孩子呢？大部分还是老样子。也有一些父母比较淡定，认为孩子进入了叛逆期，这是孩子必经的一个阶段，忍忍也就过去了。

其实这两种方式都不对，纠正孩子的不良行为既不会像淡定的父母想得那么简单，忍忍就过去了，也不像急躁的父母想得那么困难，把自己都快气死了也无济于事。想要改变孩子，父母需要从改变自我开始。

父母只有用冷静、坚定、非控制的态度对待孩子，用和孩子共同协商的规则来约束孩子，才可能解决问题。

3. 父母要学会控制情绪

面对孩子不听话、叛逆，父母最需要做的是什么呢？答案是控制自己的情绪。那么，父母该怎么做呢？

（1）成为孩子的倾听者，而不是动不动就教训孩子。

（2）用幽默的方式和孩子沟通，让气氛变得轻松。

（3）试着换位思考，站在孩子的角度去理解孩子，让自己平静下来。

（4）时刻记住，自己是局面的控制者，自己乱了，整个局面就乱了。

（5）学会识别愤怒信号，觉得自己有发怒迹象的时候，赶紧深呼吸，提醒自己冷静下来。

当然，还有一些很有意思的方法。例如，我们可以想象自己正在参加一档电视真人秀节目，那么你肯定不会对着镜头，当着全国观众的面大吼大叫，对不对？再例如，当发现自己有愤怒情绪的时候，立即把自己抽离出来，想象自己站在屋顶上，以第三者视角观看发生的一切。这些方法都是帮助父母控制情绪的好办法，你可以选择适合自己的方法践行起来。当我们学会了控制情绪，才有可能成为孩子的情绪教练，培养出情绪稳定的孩子。

三、关系上给予孩子支持

父母和孩子之间最重要的应该是良好的亲子关系。

1. 父母与孩子的关系是亲子教育的核心

如果把人比作植物，那么人与人之间的关系，就是植物赖以生存的土壤。父母与孩子之间也是这样，好的关系可以支持并滋养孩子，让孩子健康成长。

而如果父母和孩子的关系紧张，孩子缺少可以依靠的关系，就会使孩子缺乏安全感。父母肯定希望与孩子建立好的关系，让好的亲子关系成为孩子获得力量的源泉。将来，等孩子成为父母时，也会成为他们的孩子获得力量的源泉。

2. 轻松做父母的秘诀

为人父母的确不那么轻松，希望以下建议能帮助父母相对轻松一些。

（1）父母要学会治愈自己

很多人会有一些关于童年不好的记忆。父母需要治愈自己，和自己的童年和解，抛开那些不愉快，让自己重新和自己联结，这样才能更好地与孩子进行感情联结。

（2）父母要营造好的家庭环境

一个安全、和谐的家庭环境能让意见分歧得以化解。孩子在这样的家庭环境中长大，也会学会如何面对和解决与他人的意见分歧。

（3）父母要真正“看见”孩子

在日常生活中，孩子会接触到不同年龄的人，与他们交流、玩耍，而在此过程中，孩子也会经历一些挫折。这时候，他们需要父母的抚慰，需要父母真正“看见”自己。因此，父母需要投入时间和精力在孩子身上。

（4）父母要学会换位思考

当父母试着站在孩子的角度看问题时可能就会发现，有些事情并不像我们想象得那么糟糕。多一些理解，就可以多一些沟通。

（5）父母要允许孩子表达

孩子有时候乱发脾气，情绪崩溃，可能仅仅是因为不会表达情绪，这时候父母可以帮助孩子学习表达自己的真实感受。注意，不是父母希望孩子有什么感受，而是父母要想办法了解孩子及自己的真实感受，在此基础上和孩子交流。

（6）父母要善于引导孩子

父母总是害怕孩子受挫或者受伤，所以孩子一旦遇到问题，父母总是会下意识地前去帮助孩子。其实，孩子不需要太“完美”的呵护，父母可以做孩子的支持者，不要急着告诉孩子应该做什么，而是引导孩子和父母一起头脑风暴，一起讨论解决问题的方案。

（7）父母要勇于承认错误

父母也是普通人，是人就有可能犯错，犯错就要勇于承认。父母要成为孩子的榜样，当自己真的犯错时，不要为错误辩解，而是勇于承认错误，并且做出相应的改变。父母是孩子潜移默化的影响者。

（8）父母要引导孩子合作

父母要引导孩子进行亲子合作。教育学家沈祖芸曾说：“要和孩子一起打败问题，而不是和问题一起打败孩子！”例如，父母有时会说：“这道题这么简单你都不会！”这是在和问题一起打败孩子，而如果换成和孩子一起打败问题，父母则可以说：“这题确实不容易，我们一起来看看。”一念之转，给孩子一些支撑，就可以让亲子关系从对抗转向合作。

3. 成为孩子的支持者

都说育儿先育己，父母养育孩子的过程，也是自己的生命越来越完整的过程，同时也是一次重新自我成长的机会。父母为孩子付出爱，爱不仅能滋养孩子，还能滋养自己，促进心灵共同成长。真正爱孩子的父母，会有自我成长的意识，修正自己的错误观念。在这个过程中，不仅孩子是受益者，父母也同样是受益者。

成为孩子的支持者，亲子关系比什么都重要。当亲子关系出现问题时，父母不要把焦点都放在孩子身上，认为问题都出在孩子身上。这时候，父母可以仔细观察与孩子的关系，看看到底出现了什么问题，这才是根本所在。

第二章 物品巧整理，生活有条理

客厅地面上到处都是散落的玩具、书籍，抽屉里的东西被翻出来扔在各处，沙发和床上堆着各种衣物，角落里还藏着臭袜子。如果家里有孩子，这样的场景一定不会陌生。

家是孩子早期生活非常重要的场所，舒适整洁的环境有利于孩子的身心发展。孩子天生带着秩序感而来，如果在儿童时期教会孩子整理归纳自己的物品，将有效提升孩子的动手能力，锻炼孩子自主思考和解决问题的能力，对培养孩子的条理化思维具有重要意义。

本章我们将梳理孩子生活中常见物品整理可能会出现的问题，巧妙运用各种收纳工具和方法，帮助孩子学会归纳整理自己的玩具、书籍和生活用品。

第一节　孩子条理性培养，从玩具收纳开始

关于玩具，相信妈妈们都有很丰富的购买经验，各种类型、材质、大小的玩具都没少往家搬。孩子玩的时候往往是见一样爱一样，玩玩这个，摸摸那个，拿出来的玩具瞬间就能铺满地板、沙发，甚至家里的各个角落。所以，物品收纳，我们先从孩子拥有最多、也让妈妈们又爱又恨的物品——玩具开始。

一、孩子玩具收纳中存在的问题

孩子自己收拾玩具是妈妈们的美好愿望，在现实生活中，很多孩子只知道玩，不管收，一说让他收拾玩具，要么充耳不闻，要么直接跑开，要么应付了事，要么乱帮倒忙，妈妈们不得不忍着疲劳和怒气一点点将玩具重新归位。

要想解决这一问题，我们需要先思考，孩子在玩具收纳中存在哪些问题。

（1）父母未在家里给孩子设置专属的储物空间，孩子不知道把玩具收拾到哪里，因而放弃收拾。

（2）家里玩具太多，父母也未教会孩子如何对玩具进行分类，

孩子觉得收拾起来难度太大，有畏难情绪。

（3）父母嫌孩子收拾得太慢，收拾得不好，直接替孩子收拾，孩子看有人收拾了，直接跑去玩别的了。

（4）家里本身就比较乱，父母也不爱收拾，孩子受到影响，认为收不收拾无所谓。

（5）孩子不收拾玩具，父母只是简单粗暴地大吼大叫，没有立规矩也不教方法，恶性循环。

后面我们会详细介绍如何解决这些问题。为了更好地掌握方法，我们先来了解一下让孩子收纳玩具的原因。

二、为什么要让孩子收纳玩具

关于玩具收纳，相信妈妈们都普遍认同这一观点，应该尽早让孩子学会收纳，因为好处很多。

1. 提升孩子底层能力

对于儿童来说，收纳整理玩具并不是一件容易的事，需要孩子按照合适的步骤，对玩具分类，把同类玩具放到一起，放错的要重新归位。这个过程可以训练孩子的计划力、执行力、记忆力、灵活力，让孩子在家务劳动中提升底层能力。

2. 锻炼孩子独立自主

独立自主最简单的体现就是自己的事情自己干。孩子最先要学习的是照顾自己，比如吃饭、穿衣、刷牙、洗澡等。接下来要学会收拾自己的物品，比如收拾自己的玩具、书籍，整理衣物、学习用品等，这是孩子迈向独立自主的重要阶段。

3. 培养孩子责任意识

舒适整洁的家庭环境需要所有家庭成员的共同维护。孩子独立或在妈妈的帮助下收拾玩具，参与家务劳动，把乱糟糟的家变整洁，这本身就是一种美好的体验，它让孩子感受到在家庭中需要承担一定的家务劳动，也让他们体会到父母劳动的不易，有助于培养孩子的责任意识。

要想培养孩子收拾玩具的习惯，需要父母的耐心引导。有没有手把手教和提供具体方法都很重要。下面，我们就具体介绍一下如何教孩子收纳玩具。

三、工具模板：玩具收纳四步骤

让孩子收纳玩具的好处很多，那怎样让孩子学会收纳玩具呢？

玩具收纳四步骤通过设置专属玩具区、对玩具进行分类、选择合适的工具、制定收纳规则四个步骤，就能教会孩子有条理地收纳玩具。

四、使用方法

玩具收纳四步骤具体分为哪四个步骤呢？

第一步：设置专属玩具区。

首先，家里要划出一个专属于孩子的区域，方便孩子玩耍和集中整理。儿童房、客厅或书房的一角都是不错的选择。可以在这个区域铺上软垫或爬行垫，周边摆放玩具柜和绘本阅读架，还可以和孩子一起设计，进行简单装饰，让孩子更有归属感。

设定专属区域的好处主要有以下方面。

（1）这是属于孩子自己的小天地，他会很乐意维护自己区域的整洁。

（2）给孩子一个界限明显的空间，让孩子更加理解“边界感”，玩具只属于玩具区，只可以在玩具区玩耍。

（3）方便集中收纳，不用再满屋跑着找散落的玩具了。

第二步：对玩具进行分类。

有了专属玩具区，第二步就是要给全部玩具分类。这大概是最让妈妈们头疼的环节了，小孩子的玩具五花八门，能否科学合理的分类直接决定了空间利用和整理的效率。按照玩具的材质、大小、数量和使用场景，可以大致分为六大类。

（1）毛绒类

毛绒类玩具，主要是指娃娃、动物公仔等，孩子们常常抱着睡觉，有一定的安抚作用。它们的特点是体积较大，形状固定，不容易变形和损坏，但容易吸附灰尘和滋生细菌，需要定期清理。

（2）积木类

积木类玩具，主要是指以各种配件拼接成整体来玩的玩具，比如乐高、积木、磁力片等。它们的特点是零件多、零碎，但零件体积普遍较小，孩子使用频率高，部分类型缺少关键部件后无法完成整体拼搭，收纳时要特别注意。

（3）场景类

场景类玩具，是在某些特定场景下使用的，也就是孩子“过家家”常用的玩具，比如厨房玩具、沙滩玩具、医生玩具、超市玩具等。它们的特点是零件多，需要配套使用，有些还讲究先后顺序，是孩子玩“假装游戏”的好帮手。

（4）桌游类

桌游类玩具，就是我们常说的益智类玩具，比如拼图、棋牌类等都属于这一类。它们的特点是一般都有操作手册和配套的游戏说明，需要一起收纳。

（5）电子类

电子类玩具，指的是需要安装电池或充电后使用的，会发出声音、变换颜色或动起来的玩具，比如遥控车、机器人、音乐播放器等。它们的特点是体积较大，配套的充电头和充电线也需要收纳。

（6）其他类

无法归到上面几类的玩具都可以放到这一类。例如孩子喜欢的单独一件的小玩具，或者买东西、出去吃饭送的赠品玩具等。

第三步：选择合适的工具。

按照玩具的材质、大小、数量和使用场景进行大致分类后，就可以选择合适的收纳工具了，不要小看这一步，合适的收纳工具可以大大节省空间，提高收纳效率。

那收纳工具如何选择呢？我们要结合玩具的种类，为它们选择合适的家，具体见表 2–1。

表2–1　六大类玩具收纳工具表

玩具类别	收纳工具
毛绒类	收纳篮、收纳袋
积木类	透明收纳盒、展示柜
场景类	多层置物架 / 置物箱、自封袋
桌游类	书架、自封袋
电子类	展示柜、收纳盒
其他类	百宝箱

（1）毛绒类：收纳篮、收纳袋

因毛绒类玩具体积较大，比较耐摔，适合用收纳篮和收纳袋进行收纳（如图 2–1 所示）。经常玩的玩具放在敞口的收纳篮里，也可以根据孩子喜好摆放在沙发和儿童床上；不经常玩的或打算淘汰的可以用较大的收纳袋封口，暂时放在床底和柜顶，以节省空间。

图 2-1　毛绒类玩具放在敞口的收纳篮里

（2）积木类：透明收纳盒、展示柜

积木类玩具需要将成品和零件分别收纳。孩子拼搭好暂时不打算拆除的成品，可以放在展示柜、书柜、电视柜上进行展示，而零件可以放在大型透明收纳盒里，如图 2-2 所示。

图 2-2　积木类玩具零件放在透明收纳盒里

例如，所有的木质积木一个收纳盒，所有的磁力片一个收纳盒等，这样方便孩子拼搭，也方便整理。

（3）场景类：多层置物架 / 置物箱、自封袋

场景类玩具种类非常多，可以用多层置物架或置物箱进行存放，如图 2–3 所示。置物架一般三到四层，可以摆放到玩具区旁边，一般存放孩子比较喜欢、使用频率较高的场景类玩具，比如厨房玩具、医生玩具等。置物架一般是开放式的，拿取更方便。置物箱一般是抽屉式或拉篮式的，操作方便，看起来更加整洁。

图 2–3　多层置物架存放玩具

不常玩的场景类玩具可以用大小不同的透明自封袋收纳，并在自封袋上贴上图片或标签。最后把所有的自封袋装到一个大箱子里集中收纳。这样，孩子要玩的时候，直接看自封带上的标签就可以快速找到想玩的玩具。

场景类玩具一般零件较多，通过自封袋收纳不容易丢失，而且

不用专门购买自封袋。网购衣物时，尤其是孩子的衣服，商家用的包装袋一般就是各种自封袋，平时注意收集即可。

（4）桌游类：书架、自封袋

桌游类玩具一般体积不是很大，包装盒也较为方正，有些包装盒上还带有游戏说明，可以保留包装盒整齐摆放在书架上。拼图类零件较多的桌游，也可以用自封袋收纳，以节省空间。

（5）电子类：展示柜、收纳盒

体积较大和做工精致的电子玩具比如机器人、遥控汽车，可以选择部分在展示柜上展示，其他电子类关闭电源后可以一起放到一个大型收纳盒里集中收纳。电子类玩具配套的充电器、充电线、循环电池可收在一起，有些充电线、电池能通用的话会更方便。

（6）其他类：百宝箱

孩子的收纳工具里，一定不能缺少的就是百宝箱。相信妈妈们都有这样的经验，对我们来说毫不起眼的小东西，对孩子来说却是非常重要的宝贝。例如，一块从外面捡回来的石头，对孩子来说可能是一块特别的宝石。

因此，一定要给孩子准备一个百宝箱，用来收纳孩子特别喜欢但又不成套的“宝贝”。此外，百宝箱也是收纳的救星，遇到实在不好归类的玩具，我们可以不用伤脑筋，先扔进百宝箱，大大提高收纳效率。但百宝箱不宜过多，两个左右为宜，要不在找玩具的时候又要头疼了。

第四步：制定收纳规则。

没有规矩不成方圆，玩具收纳也一样。可以先从孩子爱玩的玩具开始设立规则，让孩子逐渐拥有规则意识。

（1）玩完归位

第一次进行玩具收纳时，妈妈可以和孩子一起整理，教会孩子如何分类，什么类型的玩具用什么收纳工具，收纳完成后告知孩子以后要自己进行整理。提前跟孩子约定好，每次玩一两个玩具，玩完归位后才能拿其他玩具。这样既锻炼了孩子的选择能力，提升了孩子的专注力，还节省了收纳时间。

（2）体验后果

有的妈妈可能会说："我让孩子收拾玩具，孩子就是不收拾，怎么办?"我们可以用游戏的方法让孩子意识到后果。先准备一个大布袋，告诉孩子这是魔法口袋，规定时间之前没有收纳好的玩具会被魔法口袋收走，一个星期不能玩。这样他喜欢的玩具被收走一次后，下一次就会考虑后果，动动手把玩具收纳好总比不能玩要好吧。

（3）源头控制

即使整理得再好，如果一直不停地大量买新玩具，家里的空间只会被不断地占用，到最后可能连收纳盒都没地方放。所以在收纳物品时，在源头控制买玩具的数量也很重要。同类的玩具有两三个就可以了，太多反而会分散孩子的注意力。可以和孩子约定，家里存放玩具的空间有哪些，如果空间满了，再买新玩具就要淘汰旧玩具。

（4）定期淘汰

定期和孩子一起整理玩具，把不常玩的、破损的、不适龄的玩具整理出来，功能完好的送人，破损的扔掉，整理过程中要尊重孩子的意见，父母可以给建议，但决定玩具去留的是孩子自己。

五、注意事项

关于玩具的收纳，需要注意以下几点。

1. 适量展示，大量收纳

有些玩具非常精致好看，比如乐高拼接成品、漂亮玩偶等，可以放到展示柜或书架上进行展示，但要注意控制展示空间，可以跟孩子商量，书架中的一层用来展示玩具，其他玩具集中收纳。因为过多的展示，一方面占用大量空间，另一方面每次孩子玩完再归位需要花费大量时间。

2. 按照玩具的数量和体积选择合适的收纳盒

收纳盒是玩具收纳中最常用的工具。结实的多层收纳架，搭配透明无盖收纳盒是非常好的选择，孩子可以一眼看到里面的玩具，可以整盒拿下来玩，收纳起来也更方便。如果把很多比较小的玩具放在一个很大的收纳盒里，在找的时候就会比较困难，一整套零件较多的玩具如果超过了收纳盒的容量分散存放也会比较麻烦，要根据玩具的数量和体积选择不同大小的收纳盒。

3. 收纳玩具的目的是让孩子更好地玩

看起来很整齐不如玩起来更方便。在收纳过程中，要充分尊重孩子的意见，结合孩子的喜好、使用频率等，让孩子参与决定什么玩具如何收纳，放在哪里。尤其是定期清理玩具时，要让孩子决定玩具的去留，如果孩子坚持留下破旧的玩具，不妨多保留一段时间。

六、习惯养成

要养成玩具整理的好习惯，除了方法和规则，父母的耐心引导、陪伴和坚持也必不可少。

1. 练习分类

给孩子讲解玩具分类的原则，并让孩子练习。可以指着不同种类的玩具让孩子告知是哪一类，或者在孩子玩完玩具后让孩子先把玩具分类再整理。

2. 制作标签

通过画画的方式，跟孩子一起制作收纳箱和自封袋上的标签，让孩子自己画图。这样，后期收纳孩子会更有动力，也方便孩子一眼看出这是哪类玩具的家。

3. 坚守规则

规则制定好了就要认真执行，如果无论怎样孩子都不愿意收拾玩具，就要按照之前制定的规则把这些玩具“没收”，让孩子体验后果。规则制定好了，就要坚决执行，不能破例。

4. 温柔引导

养成一个习惯不是一朝一夕的事情，孩子年龄小，自控能力弱，要理解孩子，在收纳玩具的过程中要温柔引导，及时鼓励。切忌用吼叫和责备的方式处理，容易让孩子把收拾玩具和不愉快的情绪体验联系在一起，这样后期引导就更困难了。

七、如何奖励

为了鼓励孩子按照玩具收纳四步骤来进行玩具整理，我们可以在家庭观察记录表上记上以下目标。

✓ 对玩具进行了准确分类。

✓ 根据分类，将玩具放到合适的收纳工具里。

✓ 每次玩完玩具，物归原位。

每成功完成一项，就可以在家庭观察记录表上记上20个积分。

·小结·

这节主要介绍了如何按照玩具收纳四步骤——设置专属玩具区、对玩具进行分类、选择合适的工具、制定收纳规则进行玩具收纳。

相信经过一段时间的练习，孩子能够熟练地对自己的玩具进行分类，并把分好类的玩具放到合适的收纳工具里，这个过程既提高了执行力和记忆力，又锻炼了条理性思维。

第二节　这样整理图书，既整洁又易找

良好的阅读习惯让孩子受益一生。因此，很多父母想方设法希望孩子爱上阅读。例如，买很多适合孩子年龄段的书籍，陪伴孩子阅读，每晚讲睡前故事，甚至有的父母还学习了绘本阅读指导师的课程。

父母是否了解，家里图书的摆放也会影响孩子的阅读习惯。合理的摆放，会促进孩子多读书，读好书；如果收纳不当，有可能会影响孩子的阅读兴趣。

一、孩子在图书整理中存在的问题

要想合理地整理图书，我们先看看孩子在图书整理中存在的问题。

1. 乱丢乱放

无论自己是否爱看书，父母都乐意给孩子买各种绘本和图书。这就让家里的藏书越来越多，伴随而来的问题是孩子看书的选择也越来越多，经常会从书架上抽出很多本，放在桌子上、地板上、沙发上，到处都是。

2. 归类错误

让孩子整理图书时，大部分孩子通常只会把散落在各处的书整理成一摞，然后放到书架上，好一点的话，也会进行分类，但结果往往不理想，归类错误是常有的事，把体积小的书插到一堆体积大的书里，把套书中的一册随意插到书架上，再找的时候往往要花很长时间。

3. 找不到书

没有合理归类的直接后果是，想看某本书时要在书柜上找半天还不一定找得到，费时又费力。

二、为什么要让孩子学会整理图书

让孩子自己学会整理书的好处非常多。

1. 创造良好的阅读环境

一个图书乱堆乱放的环境，传递给孩子的是随手乱扔东西的信息；一个图书整齐摆放的环境，传递给孩子的是有条不紊的信息。不同的环境带给孩子的感受不同，整理图书可以让孩子拥有一个良好的阅读环境，进而促进好的阅读习惯的养成。

2. 有助于培养阅读兴趣

孩子喜欢看的书，摆放在最显眼的位置。床头柜上摆放每天的睡前读物，将成套的图书摆放在一起方便连续翻阅，这样更容易提高孩子看见书和看见自己喜欢的书的概率，从而潜移默化地提升孩子的阅读兴趣。

3. 方便找到想看的图书

设想一下，如果家里的图书无序乱放，这时特别想看一本书，很有可能翻来翻去半天找不到。但如果图书都按规则摆放整齐，就能马上找到想看的书，也容易保护孩子的阅读兴趣。

4. 锻炼孩子的思维能力

实物的整理，其实是思维整理的可视化。虽然整理图书是一件小事，但孩子在整理时也要先分类，再确定合理的摆放位置，还要考虑如何节省空间，拿取方便。在这个过程中，能有效锻炼孩子合理安排事情的思维能力。

不同年龄段的孩子对应的图书种类不同，整理水平也有差异。所以，我们要使用不同的收纳工具来帮助孩子合理收纳自己的图书。

三、工具模板：三种收纳工具结合使用

童书可以按照不同的标准进行分类，比如精装书和平装书，绘本和工具书，套装书和单册书，地板书和异型书等。我们要根据孩子的年龄、兴趣和阅读频率，使用不同的收纳工具对家里的童书进行分类整理，达到方便孩子阅读的目的。

小型收纳盒、绘本阅读架、书柜是最常见的三种图书收纳工具。下面我们就来看一看如何使用它们科学合理地收纳图书。

四、如何使用

如何科学使用每种图书收纳工具呢？具体如下。

1. 小型收纳盒

小型收纳盒适合收纳以下四种类型的图书。

一是系列图书，比如英语分级阅读绘本和套装书，如图 2–4 所示。

图 2–4　小型收纳盒收纳系列图书

二是不方便放到书架上的异型书，比如幼儿时期阅读的洞洞书、撕不烂布书和各种识字卡、儿歌卡等卡片类图书。

三是睡前读物，放在床头，方便孩子挑选。

四是父母希望孩子阅读的图书和杂志，可以用收纳盒收纳放置在家里的各个角落，方便孩子养成随时拿放的好习惯。

小型收纳盒的优点是移动方便，缺点是容量小，所以其收纳的图书需要定期更换。

小型收纳盒不一定都要购买，其他物品的包装盒，比如奶箱、各种礼盒等，稍加改造都可以做成收纳盒，如图 2–5 所示。这样不仅能节省一笔费用，还可以作为亲子活动，让孩子从小培养废品回收再利用的意识。

图 2-5　包装盒做成的收纳盒

2. 绘本阅读架

绘本书架是低龄宝宝在自主阅读阶段非常好用的绘本收纳工具。主要摆放孩子可以独立阅读的、最近喜欢读的和父母希望孩子多阅读的书，方便孩子随时阅读，重复阅读。

绘本阅读架的优点是便于展示封面，容易吸引孩子的注意力，低龄宝宝挑选拿取方便。绘本阅读架也有缺点，与书柜相比，同样的占地面积，它的容量较小，一般只能存放三四十本书，所以摆放的图书也需要定期更换。

3. 书柜

书柜（如图 2-6 所示）因其容量大、便于分类，成为收纳图书最常用的工具。也正因为其藏书量大，不便于迅速找到想看的书，所以在收纳和整理中需要关注的点也比较多。

图 2-6　书柜

（1）常看和不常看的书分开摆放

一般高处收纳提前购买的超龄书和准备淘汰或送人的书。下层留给孩子摆放适合其现在阅读的图书，方便孩子随时拿取。与孩子视线平齐的高度是黄金位置，要摆放孩子喜欢的和我们想让孩子多阅读的书。此外，也可以把我们自己的书柜的下层位置分给孩子。

（2）系列书和单册书分类收纳

系列书（如套书）要摆放在一起，它们的书脊都是一种类型，便于孩子根据书脊一目了然地查找和归位。

单册书又分为精装书和平装书，每种类型的图书也有大有小，可以按照大本精装书、大本平装书、小本精装书、小本平装书进行分类摆放，同一类的放在一起。这样，图书重新归位时，只需要很直观地看一下书本身的特征——是大是小、是软是硬，就能放回正确的位置，省去了思考和查找的时间，还能帮助孩子学会自己收纳。

（3）摆放图书时书脊要朝外

摆放图书时书脊朝外，便于查找，这对我们来说可能是常识，但对孩子来说，尤其是年龄小的孩子，他们未必会注意到这一规律。我们可以给孩子耐心讲解图书的哪部分是书脊以及书脊朝外摆放的原因，比如拿取方便、便于查找等，理解了原因，收纳时就不容易出错。

（4）要考虑的安全因素

要根据具体情况看书柜是否需要固定在墙上，防止安全隐患。若孩子年龄较小，可以考虑选择不带门的款式，方便孩子拿取图书，也不用担心开关门夹到手。

五、注意事项

关于图书的整理，需要注意以下几点。

1. 重点是孩子方便

有的家长非常善于分类和收纳，会把图书按照作者、尺寸、主题等进行细致的分类，摆到书架上非常整齐好看，但这样的分类方法并不适合孩子。如果要求孩子每次收纳都要一丝不苟，对于孩子一方面难度过大，另一方面也需要花费更多的时间。

我们的重点是培养孩子的阅读兴趣，方便孩子拿取图书，不能为了追求整齐而对孩子的整理太苛求，这样反而本末倒置。

只要孩子能把图书放到书柜，就已成功大半，可以慢慢引导和提醒，切忌一上来就提过高的整理要求。

2. 不囤书，按需购买

有些父母买玩具可能不一定很爽快，买书却特别舍得，经常会因为某个公众号或育儿博主推荐，一口气买一大堆书回家，尤其是赶上平台搞活动，那真的是凑单也要买够金额，好像不买就亏了一样。买书的瞬间，似乎有一种孩子马上就可以掌握这些知识的错觉，好像买书直接就跟孩子学会书上的知识画了等号，但现实真的是这样吗？

如果想让孩子爱上阅读，爱上学习，不在于拥有多少本书，而在于父母的引导和陪伴。

一整书柜崭新的图书不如父母陪伴孩子每天读好一本书。买一堆别人推荐的好书不如观察孩子的阅读兴趣，根据孩子近期常读图书的作者和类型有针对性地购买。囤一堆觉得孩子早晚都会读到的超龄书不如精选适合孩子现在年龄的图书。尤其是因为活动凑单去买一些书更是没有必要，低质量的图书读了反而是浪费时间，还可能影响孩子的阅读兴趣。

下次再遇到推荐书单，如何避免冲动囤书呢？可以在买书之前先问自己几个问题。这本书适合孩子现在的年龄段吗？符合孩子的认知水平吗？孩子会喜欢吗？家里有类似的书了吗？

我们要的不是排放整齐的图书，而是越来越爱读书的孩子。

3. 定期整理书架，及时淘汰

图书在书架上的位置不是固定不变的，我们要根据实际情况及时整理。例如，有些书之前是超龄的，但随着孩子长大，已经很适合孩子阅读了，就要把它从高处拿下来，放在适合孩子身高的位置。

还有些书，虽然放在黄金位置，但孩子不感兴趣，从来没有阅读过，这时可以问问孩子具体原因。

如果是因为图书太薄不好查找，可以把它转移到绘本阅读架上，增加曝光机会。

如果是过于低幼，书中的知识过于简单，已经没有反复读的价值了，可以让孩子挑选出几本自己特别喜欢的，剩下的作为礼物送给亲戚或朋友家低龄的孩子。

如果是孩子确实不感兴趣，分两种情况。一种是图书内容质量都不错，可能目前不在孩子的兴趣点上或有些超认知，可以先收纳到高处，腾出位置给其他图书，过一段时间再换回来试试看。另一种是图书内容质量堪忧，可以直接处理掉。

我们买书的目的不是收集，而是为我所用。当书中的知识转化成孩子的能力，图书也就完成了使命，可以让它为更需要的人服务了。

六、习惯养成

除了方法和规则，父母还应该陪伴孩子把收纳图书培养成良好的习惯。

1. 以身作则

要想让孩子养成好的图书收纳习惯，父母首先自己要做到看完的书及时归位，给孩子做一个好榜样。

2. 及时提醒

对于孩子来说，年龄越小，注意力转移得越快，有可能一会儿时间就能从书架上扒下好多感兴趣的图书。我们可以提前跟孩子定好规矩，要求他们看完一本书放回书架再拿另一本，或者看完几本书后一起放回。但不要认为规矩定好了孩子就一定能做到，需要我们及时提醒，带着孩子反复练习，直到养成习惯为止。

3. 由简入难

刚开始练习时，可以先让孩子把散落在沙发上、地垫上、地板上、床上的图书整理成一摞，然后再进行分类收纳。可以演示给孩子看，边演示边讲解分类收纳的原则。例如，大一点的硬皮书放到哪里，小一点的软皮书放到哪里，巧虎系列书放到哪里，《美猴王》套书放到哪里等。告诉孩子可以根据图书的大小、软硬、是否是系列书等特点进行归纳。

演示过几次后，可以让孩子来操作，同时让他讲解这么分类的原因，等他分完类了，要先给予鼓励，再进行纠正。练习几次以后，相信孩子的图书收纳能力会越来越强。

七、如何奖励

为了鼓励孩子合理使用收纳工具进行图书整理，我们可以在家庭观察记录表上记上以下目标。

✓ 对图书进行了准确分类。

✓ 根据分类，将图书放到了合适的收纳工具里。

✓ 每次看完图书，物归原位。

每成功完成一项，就可以在家庭观察记录表上记上 20 个积分。

·小结·

本节主要介绍了如何结合使用小型收纳盒、绘本阅读架和书柜这三种常用的收纳工具进行图书整理。

相信经过一段时间的练习，孩子能够掌握图书收纳的要点，即根据图书的类型和使用频率选择合适的收纳工具，以此达到方便阅读的目的。在这个过程中，孩子提高了执行力、记忆力和灵活力，更好地锻炼了条理性思维。

第三节　生活物品也是培养孩子条理性的好帮手

袜子从脚上扯掉后随手扔在地板上，脱下来的衣服直接甩到沙发上，吃完饭跳下椅子就走，洗漱完卫生间一片狼藉，即使父母一遍遍反复强调“不要到处乱扔”“把东西放回原位”，这些场景还是每天都在家里上演，父母每天不停地收拾，家里还是看起来乱糟糟的。

一、为什么会出现这样的问题

要培养孩子随手收拾生活物品的习惯，我们先来看看为什么孩子不愿意收拾。

一方面，我们的教育更看重培养孩子的学习能力。父母更愿意孩子把时间投入跟学习相关的事情中，比如阅读、识字、钢琴等，而对于做家务、整理自己的物品这类事情，大部分父母不够关注，也没有专门投入精力去培养。父母觉得孩子年龄还小，等长大了自然就会收拾了。

另一方面，要养成一个好习惯，不是父母提醒几次就可以做到的，需要手把手地教，耐心陪伴，反复练习。要想把物品整理好，并不是一件容易的事，需要孩子的多种能力相互配合。

作为父母，我们要有意识地让孩子自己主动收拾身边的东西，养成整理的习惯。例如，起床了，自己叠被子、叠衣服；刷完牙后，牙刷和牙膏都能归位，让周围保持整洁；吃完饭能想着收拾碗筷……让孩子养成自觉做这些小事的习惯，对孩子成长为一个独立自主的人有很大帮助。

这一节，我们就从孩子们最熟悉的生活物品入手，看看如何能帮助孩子养成整理身边物品的习惯。

二、工具模板：生活物品整理我在行

使用“生活物品整理我在行”工具模板，通过制订计划、分类收纳、明确位置、物归原位四个步骤，帮助孩子学会有条理地整理自己的生活物品。

三、如何使用

下面我们看看如何具体使用“生活物品整理我在行”工具模板。

举例一：衣物的整理

除了玩具、图书外，儿童物品中，剩下最多的恐怕就是衣物了。下面我们就以衣物的整理为例，来说一说怎么运用工具模板来进行整理。

1. 制订计划

（1）长远规划

孩子不断在长大，孩子用的物品需要频繁地更新和淘汰。所以，在给孩子的衣物准备收纳空间时，不能只考虑眼前的需求，要有一个长远的规划。

例如，在给孩子准备衣柜时，要尽量选择内部可以灵活调节空间的款式，以满足孩子不同成长阶段的需要。

（2）换季收纳

孩子长得很快，今年冬天的衣服，明年大概率是穿不了的。所以，通过换季收纳的方式，既置换了收纳空间，又清理淘汰了不合适的衣物。

①每年春夏、夏秋、秋冬、冬春之交时，进行衣物的换季整理。

②把马上要穿的衣服从收纳袋中取出晾晒后，放在好拿好取的位置，把过季的衣服用收纳袋打包好放在衣柜上面或者床下。

③换季整理时，顺便清理不合适的衣物，以腾出空间。

④小内裤、袜子、汗巾等没有明显季节区分的衣物不用换季整理，固定好位置，定期更新淘汰就可以了。

（3）拿取方便

上幼儿园以后，就可以开始让孩子参与衣物整理了。在孩子参与整理衣物时，要多考虑孩子的身高和习惯。

①孩子够得着挂衣杆上的衣撑吗?

②斗柜的高度是否合适，抽屉是否好拉开，是否有安全隐患?

③收纳地点是否过于分散?

④孩子常穿和喜欢的衣物是否放在最显眼的地方?

2. 分类收纳

衣物的分类相对比较简单，按大类可以分为衣服、袜子、内裤、鞋，以及汗巾、口水巾等。下面就来看一看如何对这五种衣物分类进行收纳。

（1）衣服

孩子衣服的收纳，不推荐堆叠法。孩子的衣服体积一般较小，叠好后层层摞起来，看起来很整齐，但小朋友拿取几次后就会东倒西歪。

①羽绒服、公主裙、夹克等不方便折叠的可以挂起来，孩子要够得着衣撑高度。

②方便折叠的衣服，比如上衣和裤子，可以折叠好分别放入不同的斗柜中。裤子折叠起来相对容易，根据长短选择对折、三折、四折即可。衣服的折叠对小朋友来说相对麻烦一些，但只要把握一个原则，把衣服先折叠成长方形，再沿着长边折两三折即可，如图 2–7 所示。

图 2–7　衣服的折叠示例

如果是成套的衣服，可以在折叠裤子时包裹住折叠好的上衣，与裤子一起收纳到斗柜中。

（2）袜子、内裤和杂物

可以多准备一些长方形的收纳盒，分别用来收纳袜子和内裤，以及零碎的杂物。

袜子可以参照叠裤子的方法，对折成长方体放入收纳盒中。小内裤可以参照上衣的叠法，先叠成长方形，再叠成长方体，然后放入收纳盒中。

孩子的服饰杂物可以根据大小和体积分别收纳。例如，帽子如果是比较柔软的材质，可以放入收纳盒；如果是不能折叠的，可以与我们的帽子一起收纳，节省空间。

（3）鞋

一个季节孩子有两三双替换的鞋子是很正常的，当季的鞋子放入鞋柜中，把鞋柜中较低的位置留给孩子放鞋。非当季的鞋子放入鞋盒中，收纳到阳台柜或衣柜高处。同时，给鞋盒贴上春秋、夏、冬三种标签，换季时不用再打开鞋盒，就能很快找到对应季节的鞋子。

3. 明确位置

如果想方便孩子进行整理，确定好衣物的收纳位置是很重要的环节。让孩子参与衣物的归位，告诉孩子什么类型的衣物放在什么位置，同时观察孩子拿取是否方便。如果位置过高或过深，需要及时进行调整。

4. 物归原位

收纳的核心其实就是“从哪来放到哪去”，衣物整理也不例外。每次衣物洗好晾晒折叠好，要根据之前确定的位置进行摆放，这样后续才能及时找到需要的衣物。

举例二：洗漱用品的整理

参照衣物整理的四个步骤，我们来简要说一下洗漱用品的整理。

1. 制订计划

洗漱用品一般摆放在卫生间，那我们在对卫生间进行布局时，是否考虑了孩子的需要呢？孩子的身高是否够得着水龙头，牙刷、毛巾、浴巾的高度是否合适，大小便时是否方便等，这些都要提前规划。

家里空间有限，卫生间的设计一般是以我们使用为主。有了孩子以后，我们可以使用一些小工具帮助孩子更方便地使用卫生间里的物品。

准备洗手台脚凳（如图 2–8 所示），方便孩子够到水龙头。选择带辅助梯的儿童马桶盖，这样孩子大小便更安全。

图 2–8 洗手台脚凳

2. 进行分类

孩子用的洗漱用品主要有牙刷牙膏牙缸、毛巾、面霜、浴巾、洗发水、沐浴液、浴盆等。

整理方式主要有摆放和悬挂两种。牙刷牙膏牙缸、面霜、洗发水、沐浴液、浴盆是需要摆放的，毛巾、浴巾是需要悬挂的。

3. 明确位置

需要摆放的物品在选择位置时要考虑孩子的身高，拿取是否方便。例如，牙膏牙刷牙缸和面霜可以放在水池侧面高度合适的位置，浴盆一般用完后靠墙放置，洗发水、沐浴液可以放在淋浴旁落地的置物架上。

需要悬挂的物品可以用挂钩来整理。毛巾悬挂在洗手池侧面合适高度，浴巾悬挂在卫生间门后合适高度，让孩子伸手就能够着，这样洗漱时就不用父母帮忙了。

4. 物归原位

使用完毕后，提醒孩子物归原位。孩子不能物归原位时，不能一味地指责孩子乱扔乱放，要考虑原因，是不是“原”位不合理，是不是孩子不知道“原”位在哪里。与孩子沟通，一起商量是否需要更换摆放位置。

除了衣物和洗漱用品，生活中还有一些孩子的杂物需要整理，都可以参照这个方法进行收纳。

五、注意事项

关于生活物品的整理，需要注意以下几点。

1. 相信孩子，给他机会尝试

在父母的眼中，孩子可能是顽皮的“熊孩子”，让他们自己整理生活用品似乎是不可能的事。但是，请相信孩子，正因为年龄小，他们养成习惯的阻力要比成人小很多。只要你愿意给他提供环境，教他方法，耐心陪伴练习，他很快就能做得很好。

2. 少一些要求，整理只是一种技能

有的父母可能会想，等孩子学会整理后，一定要让他坚持整理自己的物品。孩子毕竟是孩子，他们的童年是丰富多彩的，我们教会他们整理的技能，是希望孩子具备这方面的能力，但并不需要他们每天都完美地整理好自己的所有物品，因为有太多新鲜的事情等待他们去探索。

3. 把不希望孩子拿到的物品放到高处或锁起来

把孩子常用的物品放到适合孩子拿取的位置，而那些危险或贵重的物品，比如螺丝刀、打火机、药品、易碎品、首饰等，需要放到孩子够不到的高处或带儿童安全锁（如图 2–9 所示）的柜子里。不要等到孩子拿到危险物品才说不可以，一开始就需要把这些物品收纳好。

图 2–9　儿童安全锁示例

六、习惯养成

我们还是以衣物整理为例，看看如何让孩子养成自己整理衣物的好习惯。

1. 练习分类

孩子的衣物洗完晾晒后，把所有晒干的衣物放在床上，带着孩子一起对衣物进行分类。指导孩子把所有的衣服分为上衣、裤子、袜子、内裤等，还可以让孩子说一说它们分别有哪些特征。

2. 整理收纳

除了需要悬挂的衣服，剩下的衣服，比如内裤、袜子等都要尽可能地折叠成长方体，这样便于收纳。可以告诉孩子，怎么把这些衣物都变成长方体，把握这一核心原则后，便可以给孩子足够的发挥空间，说不定他也能轻松折叠出漂亮的长方体。

3. 确定位置

把折叠好的衣物分类放到不同的斗柜和收纳盒中，可以和孩子商量存放的位置，孩子自己确定的位置更不容易遗忘。

4. 充分练习

多提供给孩子练习的机会，可以在周末让孩子参与家庭大扫除，负责收纳自己的衣物。经过多次练习，孩子会做得越来越好。

七、如何奖励

为了鼓励孩子按照“生活物品整理我在行”进行物品整理，我们可以在家庭观察记录表上记上以下目标。

✓ 按照正确方法折叠自己的衣物一次。

✓ 对衣物或洗漱用品进行了准确分类。

✓ 根据分类，将生活物品放到合适的位置。

每成功完成一项，就可以在家庭观察记录表上记上 20 个积分。

· 小结 ·

本节主要介绍了如何按照制订计划、分类收纳、明确位置和物归原位四个步骤进行生活物品整理，并通过衣物和洗漱用品收纳进行了举例说明。

经过一段时间的练习，相信孩子能够有条不紊地整理好自己的衣物，合理摆放自己的洗漱用品。在这个过程中，孩子提高了专注力、执行力和记忆力，更好地锻炼了条理性思维。

第四节 做好这些清单，孩子出门不再丢三落四

儿童物品整理，除了我们之前提到的玩具、图书、生活用品的整理外，还有其他一些场景下进行的专项整理。例如，带娃出门时，我们要整理需要携带的物品。

带娃出门，不管是出游这种偶发的“大工程”，还是上个兴趣班这种频发的小事件，整理物品都是个劳心劳力的活儿。

如果是带娃出游，孩子的衣食住行都要考虑到，出趟门恨不得跟搬家一样，行李箱里塞满了孩子的各种用品，生怕漏掉了什么。即使这样，仍然有可能到了目的地，直到用某样东西的时候才发现忘了带。

所以，如何帮助孩子做好出门物品的整理就显得尤为重要了。这时候，使用清单来进行整理是个非常好的选择。

一、为什么要使用清单

相对于其他工具来说，使用清单的好处非常多。

1. 节省脑力，提升效率

目前，海量的信息让人无从选择，要处理的工作任务也越来越多。使用清单，把重要的项目流程或内容总结出来，有助于节省我们有限的脑力，帮我们厘清思路，显著提升效率。

2. 拆分任务，减少拖延

清单可以将一项复杂的任务拆分成多个可执行的小任务或步骤，降低实现难度，减少拖延，同时让使用者连续获得成就感，有助于复杂任务的完成。

3. 克服遗忘，避免犯错

整理出游物品时，是不是总担心遗漏关键物品；工作中，会不会总有些重要的事项忘记处理……使用清单，可以有效避免这些问题。

4. 重复利用，节省时间

当一件事情在生活或工作中总要重复去做时，就可以考虑设计一份清单。当下次遇到同样的事情，直接按照清单上的流程或事项去操作即可，这样能大大节省时间。

二、工具模板：上兴趣班物品清单、旅行物品清单

我们通过使用上兴趣班物品清单、旅行物品清单，来帮助孩子高效整理出行物品。父母也可以结合自身情况，与孩子一起设计家庭常用清单。

三、如何使用

举例一：上兴趣班物品清单

上兴趣班之前，我们要整理需携带的物品，有些关键物品，比如课本、运动装备等忘记带还会直接影响上课。此时，我们就需要一份兴趣班物品清单来帮忙了。我们以游泳课为例（见表 2–2），来说一下兴趣班物品的整理。

表2–2 游泳课物品清单

类 别	明 细
必需品	泳衣

续上表

类 别	明 细
必需品	泳镜
	耳塞、鼻夹
	泳帽
	浴巾
	浮力装备
	拖鞋
	水杯
可能需要的物品	食物
	防晒霜
	洗漱包和更换衣物
	游泳包

1. 必需品

（1）泳衣

泳衣要选择合身的，太紧不舒服，太松不好看。颜色要鲜艳醒目，提升安全系数。

（2）泳镜

泳镜的主要作用是护眼，同时让孩子在游泳时能睁开眼睛看到水里的情况。

（3）耳塞、鼻夹

对于刚开始学游泳的孩子来说，鼻夹和耳塞建议都要准备。鼻夹可以避免水进入鼻孔，减少呛水。耳塞能避免耳朵进水引起中耳炎。

（4）泳帽

推荐硅胶材质的泳帽，防水性好，阻力小。泳帽一定要选择颜色鲜亮的，若孩子遇到紧急情况，方便寻找救援。

（5）浴巾

我们都有这样的经验，在水里一直运动着不觉得冷，一上岸会觉得特别冷。孩子上岸后，第一时间披上浴巾，避免着凉感冒。

（6）浮力装备

游泳班一般配有浮力装备。平时练习时，可以为孩子准备一对水袖，也叫手臂圈。水袖有以下优点：浮力非常好，完全不用担心孩子会淹到；活动灵活，两个胳膊活动的空间比较大；可以练习游泳动作，过渡到自己游更容易。

（7）拖鞋

在家洗澡时穿的拖鞋或洞洞鞋均可。

（8）水杯

水杯是孩子出门的必备品，游完泳及时补充水分。

2. 可能需要的物品

（1）食物

游泳对体力的消耗是比较大的，如果游泳时间超过两小时，建议为孩子准备一些食品补充体力。

（2）防晒霜

如果是户外游泳池，换泳衣前要提前给孩子涂好防晒霜。

（3）洗漱包和更换衣物

如果游完泳打算洗漱的话，需要提前准备好洗漱包和要更换的衣物。

（4）游泳包

孩子去游泳，各种物品整理起来也不少，可以准备一个干湿分离的游泳包，既防水又省心。

准备其他兴趣班物品时，也可以列出清单，每次对照清单整理，不容易遗漏关键物品，节省整理时间。

举例二：旅行物品清单

有了孩子以后，父母希望带着孩子多走走看看，亲子旅行就是很好的选择，既增长了见识，还增进了感情。但是，带孩子出游是一项大工程，要整理的出游物品比我们自己出行多得多，大类可分为衣物、日用品、药品、娱乐用品、证件等，见表 2-3。

表2-3 旅行物品清单

类　别	明　细
衣物	衣服若干，包括内衣、袜子、睡衣、拖鞋、防晒帽等
日用品	水杯、碗筷、勺子、纸巾、湿巾、免洗洗手液、洗发水、沐浴液、毛巾、牙刷牙膏牙缸、自封袋、一次性垃圾袋、面霜、防晒霜、儿童洗衣液或洗衣皂、折叠水壶（可选）等
药品	退烧药、创可贴、止泻药、防中暑药品等
娱乐用品	零食、绘本、玩具若干
证件	身份证、户口本、护照（出国）等

（1）衣物

衣服若干，包括内衣、袜子、睡衣、拖鞋、防晒帽等。睡衣可以用夏天的舒服短袖替代，若目的地温度升高，还可以外穿。拖鞋可以选择洞洞鞋，可外穿。衣服和鞋子要分别收纳到收纳袋中装入行李箱。衣物占用空间较大，可以提前跟孩子说好只能选择三套携带。

（2）日用品

除了衣物，日用品也是出游整理的重要部分，主要包含水杯、碗筷、勺子、纸巾、湿巾、免洗洗手液、洗发水、沐浴液、毛巾、牙刷牙膏牙缸、自封袋、一次性垃圾袋、面霜、防晒霜、儿童洗衣液或洗衣皂等。如果对酒店水壶的干净程度有所顾虑，还可以带上折叠水壶。

为了方便使用，水杯、碗筷、勺子、湿巾、免洗洗手液、防晒霜、一次性垃圾袋要放入妈咪包中随身携带，剩下的物品放入行李箱中住宿时使用。

（3）药品

若目的地较偏远或不方便立即就医，则需要准备一些常用药品，比如退烧药、创可贴、止泻药、防中暑药品等。

（4）娱乐用品

孩子喜欢的零食、绘本、玩具若干。

（5）证件

包含身份证、户口本等。如果出国，还需要带上护照。

（6）行李箱

根据孩子的年龄选择是否准备专用行李箱。孩子上幼儿园以后，就可以按照上面所列清单参与出游物品整理了，但7岁前，不建议使用单独的行李箱。这是因为一方面3—6岁的孩子体力较弱，注意力不够集中，难以管理好行李箱，另一方面，旅途中父母除了照顾孩子外，还得专门腾出精力照看孩子的行李箱。可以给孩子准备一个小背包，让他把自己喜欢的物品（如绘本、玩具等）放入背包中。这样，一方面他有了参与感，另一方面也控制了携带物品的体积。孩子7岁以后，就可以给他准备一个专用行李箱了，物品整理打包装箱都可以交给他独立完成，最后按照清单检查一遍即可。

温馨小贴士：

有些父母会带不满三岁的宝宝出行，年龄越小，需要携带的物品也越多。除上述物品外，还需考虑婴幼儿的特殊需要，以下物品供参考。

出行装备：可折叠推车、腰凳。

餐具：奶瓶、奶粉分装盒、便携式奶瓶清洗工具、焖烧罐。

食物：奶粉、米粉、饼干等。

用品：口水巾、围嘴、纸尿裤、薄毯、睡袋、安抚玩具。

四、注意事项

关于清单的制作，需要注意以下几点。

1. 简练准确，格式统一

清单要简练准确，不能过于烦琐。同时，清单的格式也很重要，字体行距符号要统一，方便使用者清晰明了地获取关键信息。

2. 保持迭代，与时俱进

我们正在使用的清单，都是基于之前的经验整理出来的，但事物总是发展变化的，我们会不断面临新问题、新挑战，我们也需要不断根据新场景、新要求对清单进行迭代和更新，与时俱进。

例如，你设计了一个亲子出游清单，但如果要出国，就需要考虑目的地国家的风土人情，对清单进行一些调整。

五、习惯养成

有了工具和方法之后，我们应该陪伴孩子一起，把清单使用培养成一种习惯。

1. 制作清单盒子

对于家庭生活中重复发生的整理事项，与孩子商量，共同制定出相应的整理清单，项目和序号显著标识，页面适当留白，放入清单盒子。清单的纸张和大小尽量统一，放置在孩子容易拿取的地方。准备一个透明文件夹和白板笔，一起放入清单盒子。

2. 找出相应清单

遇到整理事项时，从清单盒子中找出对应清单，用文件夹夹住所选清单。

3. 按照清单完成

按照清单内容逐项完成整理事项，用可擦写白板笔在完成的事项上打钩，直到全部完成。直接在透明文件夹上打钩即可，这样方便重复使用。

4. 检查调整更新

再次对照清单检查项目，同时与孩子讨论是否有需要调整的地方。如果要调整的项目不多，可以直接在清单上添加；如果修改或添加项目较多，则需要重新编制。

六、如何奖励

为了鼓励孩子按照清单整理出门物品，我们可以在家庭观察记录表上记上以下目标。

✓ 制定一份自己的兴趣班清单。

✓ 按照清单，找到相应的物品。

✓ 整理好物品，并在出门前再次检查。

每成功完成一项，就可以在家庭观察记录表上记上 20 个积分。

·小结·

本节主要介绍了如何通过清单帮助孩子整理出行物品，并用兴趣班物品清单和旅行物品清单进行了举例说明。

经过一段时间的练习，相信孩子能够熟练通过清单整理自己的出行物品。在这个过程中，孩子锻炼了计划力、执行力，更好地锻炼了自己的条理性思维。

第三章 玩游戏也能培养孩子的条理性

除学习之外，孩子每天做得最多的就是游戏。很多父母可能没有意识到游戏，尤其是益智类游戏对孩子的帮助。

本章我们将介绍数学小棒、乐高积木和扑克牌三种游戏教具的玩法，在游戏中培养孩子的条理性思维。

第一节　游戏这么玩，有趣又有用

既然孩子天天都要玩游戏，那么如何才能让游戏在好玩的同时变得更有用呢?

一、玩游戏存在的问题

首先，没有意识到游戏的意义，认为玩游戏就只是玩游戏。通过游戏，孩子可以认识外面的世界。不管是自己一个人玩玩具，还是和其他人一起玩团体游戏，都可以在游戏中认识环境、认识世界，并锻炼交流沟通和解决问题的能力。尤其在亲子游戏中，绝不仅仅是玩玩具，更多的是父母的关注和陪伴。玩游戏可以促进亲子关系，帮助孩子找到快乐和自信。

其次，不知道怎么玩得更好。如果经常陪伴孩子玩游戏，就会懂得在游戏过程中要对孩子进行观察，发现问题，并把问题带入游戏互动中，通过游戏帮助孩子解决问题，同时，孩子也可以在亲子游戏中跟父母学到直面和解决问题的能力。好的亲子相处模式，会直接影响孩子与他人的相处关系。

最后，在遇到问题时，不知道如何处理。很多益智类游戏，玩法复杂，需要完成很多步骤才能达成目标。这需要家长了解游戏的原理和目的，以及它可以提升孩子哪些能力。拆解游戏，按照步骤逐步实现游戏目标，这样可以在游戏中锻炼孩子的条理性，提升解决问题的能力。

二、在游戏中解决问题

在跟孩子玩游戏的过程中，特别建议父母把问题带入游戏区。“把问题带入游戏区”五步法（见表 3-1），可以有效帮助父母和孩子在游戏中解决问题。

表 3-1　“把问题带入游戏区”五步法

第一步	面带笑容，这会告诉孩子“你不会有麻烦的”。
第二步	提出问题：我注意到我们一直在因为……争吵，你注意到了吗？
第三步	发出提议：我们一起玩一个关于它的游戏吧！
第四步	暂停一下，看看孩子有没有游戏点子。
第五步	询问建议：你想扮演谁？你想玩哪种游戏？

这需要父母了解如何在游戏中潜移默化地提升孩子的能力；观察发现自家孩子在游戏中存在的问题，并直面问题；针对问题，进行规划和安排；保持正向的态度，与孩子一起解决问题。这样一来，孩子不仅能够玩得好，玩得开心，还能玩出聪明的大脑。

三、如何让游戏既有趣又有用

一个好的游戏需要做计划，按步骤执行，针对当次游戏进行复盘。本节我们引入两个记录表——游戏统筹表和游戏实施表。游戏统筹表包括前期的计划、游戏中的记录、最后的复盘，需要父母主导，征求孩子建议，充分沟通后填入。游戏实施表是一次游戏的实施记录，是游戏过程中的记录，由孩子来填写。通过这两个表格，可以逐渐摸索出一套适合孩子学习玩耍生活的方式方法。

1. 游戏统筹表

游戏统筹表由父母与孩子共同填写，以乐高拼搭长方体为例，具体见表 3–2。

表3–2 游戏统筹表（父母和孩子共同填写）

游戏名称	用乐高拼搭出一个长方体，两人比赛，看谁的大		
游戏日期	2022 年 6 月 1 日		
准备工作	空间环境	桌面	材料
孩子需求	不被打扰的区域	足够放下积木	大积木、收纳盒
家长准备	专门的活动空间	积木垫	大积木、收纳盒
游戏步骤	①观察和辨认积木的形状和特征； ②按照统一形状，进行积木分类； ③按照大小、高低、粗细等标准，给积木排序； ④每人拼搭出一种长方体后，比较大小		
需要讨论的问题	①如何在规定时间内拼搭出一个最大的长方体； ②大长方体和小长方体的区别在什么地方		
拍照记录与说明	孩子选择了四个小正方体积木和六个小长方体积木，在游戏过程中反复尝试，最终拼搭出来一个大长方体。拼搭过程中，积木倒了两次，散开了，孩子又快速复原，在规定时间完成了游戏任务		
特别表扬（尤其是拓展与延伸）	在拼搭过程中，积木容易倒，给拼搭造成了困难，但是仍然坚持在规定时间内完成作品		

做到这些下次更棒	结束后，把乐高整理好并放回原处
奖励星星（1~5 星）	5 星

· 填写说明

（1）游戏名称

游戏名称就是所玩游戏的名称。游戏的选择非常重要，一个既有吸引力又有乐趣的游戏，不仅可以给孩子带来快乐，让孩子学到知识，还能让孩子获得满足感，所以我们一定要设置一些孩子需要思考才能够完成的游戏。不管是孩子还是大人，经过自己的努力解决了困难，总可以获得巨大的喜悦和自信。

（2）游戏日期

游戏日期即玩游戏的时间点。

（3）准备工作

准备工作由父母和孩子共同完成，各自负责不同的工作。

父母需要做的是，在空间环境、桌面和材料等方面给孩子足够的支持。

首先要给孩子准备一个专门的游戏空间，孩子可以自由地行走坐卧；再准备好材料，包括收拾出干净的桌面，摆放好小棒，甚至可以准备好一些干净透明的小收纳盒。

准备工作也可以带着孩子一起做，然后慢慢放手让孩子自己做，这也可以锻炼孩子的计划力。只有让孩子自己参与布局，他们才会有一种自我选择感，也才能真正从中锻炼更多的能力。孩子天生就喜欢解决问题，如果我们提供这样的环境，他们就会不断被激发出与生俱来的能力。

孩子在空间环境、桌面和材料等方面的需求是什么，有无努力去跟父母沟通表达自己的需求，是否可以用替代品达成需求，这既锻炼了孩子的沟通表达能力，又锻炼提高了孩子的反应力，让孩子学会了变通。假如孩子的游戏需要积木，可是家里没有积木。此时，父母就可以给予支持了：我们需要什么样的积木呢？磁力片可以代替吗？剪纸拼起来的立方体可以代替吗？如果可以，就一起动手共同完成替代品。

（4）游戏步骤

游戏正式开始前，需要讨论出游戏的步骤。这个过程可以促使孩子自主思考，其实对步骤的文字整理也是思维整理，无形中可以提高孩子的思维力和表达力。

（5）需要讨论的问题

统筹能力和发现能力在此可以得到锻炼。例如，玩数学小棒可能讨论相同数量的数学小棒可以拼出多少种不同的闭合图形。

（6）记录拍照与说明

可以拍照成品，但更建议拍照记录遗漏的、错误的部分，以便提醒孩子下次活动要注意。

（7）特别表扬

主要是家长表扬游戏过程中孩子表现好的地方，也可以是孩子自我表扬。这一步可以让家长多关注孩子的优点，有利于亲子关系更和谐。

（8）做到这些下次更棒

这相当于鼓励和提醒。例如，结束数学小棒游戏后，孩子会整理好小棒，且放回原处。好的习惯可以在游戏中培养，然后运用到生活、学习等方面。养成收拾整理的习惯，在以后物理化学实验中，孩子也会记得把实验器材放回原处。

（9）奖励小星星

针对上面八个步骤的填写完成度来给小星星，而不是实际游戏完成度。游戏完成的奖励，会在每次游戏后纳入积分记录表。

2. 游戏实施表

游戏实施表由孩子填写，具体见表 3-3。

表 3-3　游戏实施表（孩子填写）

游戏名称	
游戏日期	
游戏材料	
基本步骤	
拓展与延伸	
学到的知识与技能	
要点记录	

· 填写说明

（1）提前准备

做好材料、环境甚至自己的一个身心状态的准备，这也是为接下来的专注做准备。

（2）使用方法

可以和孩子一起提前说或者让孩子自己写出来，在实际操作中再用不同颜色的笔修改添加，这样可以清楚知道想和做的区别。注意加入“拓展与延伸”——这比较考验父母对孩子的观察和了解，在孩子当前水平下临时加入拓展延伸，也是对孩子反应力的锻炼。

（3）学到的知识与技能

及时记录学到的知识与技能，可以让知识点得到巩固，也能加深理解，这也是大脑整理知识点的一个过程。

（4）要点记录

一定要进行要点记录，好记性不如烂笔头，孩子自己记录一些不好的习惯，以及一些重要又容易错的部分，可以很好地提醒孩子下次注意。

（5）收拾整理

清理好活动场所，打扫干净，并将未用完的材料放至原位，这个习惯很重要，必须每次都要完成，父母可以协助但不能包办。

·小结·

本节主要介绍了把问题带入游戏区五步法、游戏统筹表和游戏实施表，可以拆解游戏，按照步骤逐步实现游戏目标，在游戏中锻炼孩子的条理性，提升解决问题的能力。

经过一段时间的练习，相信孩子可以熟练使用游戏统筹表和游戏实施表，在游戏过程中更好地锻炼计划力、专注力和反思力，提升条理性思维。

第二节　数学小棒培养数感

在很多STEAM课程中，数学小棒会被作为教学神器，训练孩子的思维能力。但是，在很多父母手里，只会用它来做数学的加减法。不仅没有发挥出教具的最大用途，还会限制孩子的想象力，影响孩子对数学小棒的兴趣。

一、玩数学小棒时有什么问题

我们先来看一个案例。

辰辰到了数学启蒙的年龄了，和很多父母一样，辰辰妈妈买了一堆彩色小棒，选择了一个阳光明媚的中午，带着辰辰在阳台开始了数学小棒的游戏。一开始一切都很和谐，妈妈给辰辰一根小棒，辰辰说出一个数字。当妈妈累计给了辰辰10根小棒时，和谐的氛围就被打破了，辰辰一根一根反复数了好几遍，总是错的。妈妈心里开始有了疑问，是我的方法不对？还是孩子真的搞不清数量关系？明明刚刚一根根单独给辰辰时，辰辰自己也说了10。为什么辰辰自己单独数就是错的呢？辰辰说，有个“忘记小魔怪”一直在捣乱：“这么认真干什么？忘记了也没关系。”

在孩子数小棒的过程中，普遍存在以下现象。

（1）错误的数数顺序，没有一个一个地从左到右、从上到下数。

（2）重复数，没有注意到已经数过的小棒，不会区别数过和没有数过的物品。

（3）当被问到有多少根的时候，习惯性地再数一遍，而不是脱口而出直接报出结果。

（4）当数量超过4或者5的时候，数数的过程就不顺畅了。

二、数学小棒帮助建立数形联系

孩子一开始并不会进行数量计算，最初对数量的敏感来源于视觉的刺激。我们完全可以使用彩色数学小棒，而不用担心丰富多彩的颜色会分散孩子的注意力。

有研究表明，如果在童年时期没有进行过视觉认知的训练，成长过程中就会失去发展理性认知的最佳时机。经过视觉的刺激后，会在大脑里形成一个多少、大小的直觉，这个直觉经常是一种假象，只要排列顺序不一样，孩子的多少大小直觉就会改变。只要挪动下位置，孩子就会觉得数量改变了。所以，对于处在发育早期的孩子，我们需要让其去认知生活中的物品，比较不同的数量。例如，可以和孩子这样交流：

“你觉得哪捆多？”

“为什么这个碗里的多呢？”

“我认为是一样多的，但是你觉得妈妈碗里的多，我们倒出来比较一下，好吗？”

通过大量的实际物品对比，孩子会逐渐发现视觉带来的印象不一定是对的，原来这些都可以进行计算和比较。

此外，孩子的认知和理解水平也决定了孩子接受新事物的能力。以数学小棒为例，孩子快速发展的神经元和好像用不完的精力，使得他们在数数时也是跳跃模式。如果没有引导，孩子很难理解什么是“按顺序数”。这可以在日常生活中随时教随时学。例如，站在阳台上，让孩子数一数对面楼层有几层。让孩子按自己的理解数一遍，再让孩子从一楼往上数一遍，从顶楼往下数一遍。

数学小棒是幼儿园到小学低年龄段的孩子使用最多、最形象的学习教具，我们可以用它帮孩子建立数的概念，认识数的守恒，理解线段、图形的概念，推理变化和规律等。也就是说，一捆简单的小棒除了可以数数，还能让孩子认识图形、线段、数字、数量、规律甚至等式等。通过玩数学小棒，孩子可以锻炼灵活力和记忆力；可以锻炼计划力、执行力和专注力；还可以得到自我发展的基础能力，比如反思力和时间力，并锻炼自律。数学小棒活动在培养孩子各项能力的同时，还能让孩子养成善于思考的学习习惯。

三、小棒盘子和小棒盘阵

在玩数学小棒时，孩子需要提升数量和数字对应关系的能力，我们将此带入游戏中来解决。下面通过两个具体的数学小棒的玩法，来更详细地说明如何使用数学小棒更好地帮助孩子培养条理性思维。

（一）小棒盘子：解决数与形的问题

小棒盘子，主要解决数与形的问题。使用的工具包括10个盘子、双面胶、数字卡、数学小棒。

1. 使用方法

（1）取出一定数目的有颜色的小棒。

（2）取出10个盘子。

（3）摆盘子，并在每个盘子内放入一定数量的小棒。注意：在几个盘子里放入相同数量的小棒，其他盘子里放入数量不等的小棒。

（4）用双面胶粘贴牢固。注意：在盘中粘贴小棒的时候，尽量粘贴多种形状，如图3-1所示。

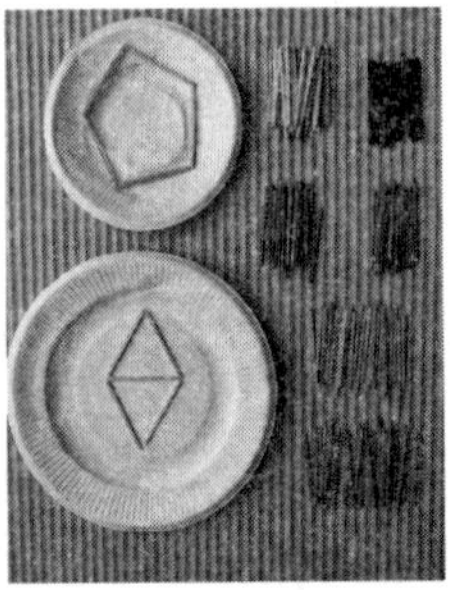

图3-1　粘贴多种形状的小棒

盘子 1：5 根小棒，5 根摆成一条线。

盘子 2：5 根小棒，上下排，上面 2 根红色，下面 3 根蓝色。

盘子 3：5 根小棒，4 根摆成正方形，另外 1 根放在正方形外面。

盘子 4：5 根小棒，5 根摆成五边形。

盘子 5：4 根小棒，摆成 W 形状。

盘子 6：4 根小棒，摆成正方形。

盘子 7：3 根小棒，摆成三角形。

盘子 8：2 根小棒，交叉放。

盘子 9：2 根小棒，平行放。

盘子 10：1 根小棒，随意放。

（5）拿出数字卡，取出 1 张数字卡，让孩子找出与数字卡对应数量的盘子。

（6）依次取出不同的数字卡，直到每个盘子都与相应的数字卡片对应为止。

（7）等孩子熟悉了 1—5 之后，便可以进行其他数字的游戏。

（8）拓展与延伸。对于刚学会数字的孩子，随便拿出一个盘子给孩子看，然后放到身后问："找出一张和你刚刚看到的盘子里的小棒一样多的数字?"对于对数字较熟练的孩子，可以随机抽取一张数字卡片，然后让孩子找出所有与卡片上的数字对应的盘子。

2. 注意事项

在和孩子玩这个游戏的时候，父母要根据孩子的实际情况，分层次地锻炼孩子实物数量与数字的对应能力。同时，要注意不同层次用不同的方式。

（1）孩子对多少有判断,但是不会说出数字,也不认识数字卡片。这时，父母在指出盘子里小棒的数量时，要一边指着数字卡片一边大声说出这个数字，并告知这个数字和盘子里的小棒数量相等。

（2）孩子可以将数字和数量联系起来，但是不能快速指出对应的数字。父母可以这样引导孩子:“请找出一个5根小棒的盘子。”或者问:“这个盘子里有几根小棒，可以用数字几表示呢?”

3. 习惯养成

教育学家曼恩说:“习惯是一条电缆，我们每天在其外表编织一条铁线，到后来，它变得十分坚固，使得我们再也无法将它拉断。”玩游戏做活动也可以培养好的习惯。习惯一旦养成，还可以迁移到其他学习活动中。

针对上面数学小棒的玩法，我们可以使用活动统筹表和活动实施表，和孩子一起梳理活动流程，记录活动过程和活动要点，并将其做成一个模板。之后的每一次活动，我们都按这个模板来进行，这样就会在无形中养成一个好习惯。以后孩子不管是做游戏还是做实验，他都会主动去思考具体活动需要什么材料，需要怎样的环境，需要哪些成员等，由此锻炼了他们的组织能力和计划能力。养成这些好习惯的孩子在思维培养方面更有优势，他们会提前主动思考，也会更加自信。

4. 如何奖励

这个游戏主要考察孩子的记忆力、专注力和反应力，孩子如果答对 5 次以上即可获得 10 个积分，并将本次积分纳入观察记录表中。

（二）小棒盘阵：拓展形象思维

小棒盘阵，主要拓展孩子的形象思维。使用的工具包括 10 个盘子、双面胶、数字卡、数学小棒、3 到 10 的数字扑克牌。

1. 使用方法

（1）让孩子任意抽出一张扑克牌。

（2）抽出的扑克牌数字是几，就拿出几根数学小棒，并摆出任意想摆的形状。

（3）重复上面两个步骤，摆出更多的形状，直到同样数量的小棒无法再摆出新的形状为止。

（4）拓展与延伸。和孩子一起将孩子摆出的形状，用胶水固定在硬纸板上，鼓励孩子为其命名。用更多相同的小棒摆出更多的形状，同样命名并展示出来。引导孩子回忆不同名字的形状用了多少根小棒，向孩子请教这个形状是怎么想到的，每个部分用了多少根小棒。

2. 注意事项

（1）活动前可以考验一下孩子的记忆力和专注力——可以提前给孩子看一些图形，引导他们知道一定数量的小棒才能组成需要的形状。

（2）提前和孩子沟通好游戏规则，避免游戏过程中的小矛盾。

（3）限制数量的情况下摆出更多的形状，是为了锻炼创造力，同时也考验了孩子的灵活力。

（4）遇到特殊情况，如何处理？有些孩子为了填补图形可能会折断小棒，父母该怎么应对这种特殊情况？从数学的角度出发，父母可以趁此时向孩子引入分数的概念。从游戏规则的角度出发，父母可以和孩子探讨规则设立的重要性。从解决问题的角度出发，父母可以鼓励孩子要灵活，同时一起探讨不违反游戏规则的情况下如何解决问题。

（5）不要贪多求快，这一点是为了提醒父母不要为了能进行更多的活动而快速结束当下认为简单的活动。如果一个概念或者技能没有得到充分的巩固，贪多求快就是揠苗助长了。对于基础技能，我们必须多次切换不同场景来巩固复习。切换场景同时也培养了孩子的灵活力。这里要注意，一些记忆力好的孩子，我们不仅要切换场景，还需要更换材料或者改变材料的顺序。

（6）将与孩子的游戏过程记录下来，尤其要记录游戏中出现的特殊情况，记录形式可以是拍照 + 文字，也可以是拍照 + 语音，或者视频形式，任何直观高效的记录形式都可以，这样可以提醒自己以后在教导和陪伴孩子时要特别关注，这也是培养执行力，同时锻炼反思力的绝好机会。

（7）让孩子讲述游戏中学到的新知识，这样可以提高孩子的表达力，也加深了孩子对新知识的理解。一定注意让孩子讲出自己的理解。

3. 习惯养成

使用活动统筹表和活动实施表，和孩子一起梳理活动流程，记录活动过程和活动要点，并将其做成一个模板，之后的每一次活动我们都按这个模板来进行，这样就会养成好习惯。

4. 如何奖励

我们可以按照活动实施表中的操作步骤给予积分奖励，只要完成一个步骤就给予 10 个积分，并将积分纳入观察记录表中。

· 小结 ·

本节主要介绍了如何通过数学小棒帮助孩子建立数形联系，并且详细介绍了小棒盘子和小棒盘阵的玩法，帮助孩子在游戏中建立数形对应关系和拓展形象思维。

经过一段时间的练习，相信孩子可以熟练掌握小棒盘子和小棒盘阵的玩法，在游戏过程中更好地锻炼灵活力、记忆力、专注力和反思力，不断提升条理性思维。

第三节　乐高积木提高综合能力

如果说要找一种游戏，既让孩子喜欢，又让父母放心，就非乐高莫属了。但很多孩子在玩乐高时都会出现一些小状况。

从幼儿园回来后，辰辰嚷嚷着要玩积木。于是，妈妈铺好垫子，拿出积木。没安静几分钟，就听到一阵哇哇哭闹声。

妈妈心想:“真是头疼，有玩具玩也哭，没玩具玩也哭，啥时候是个头呀?”

辰辰呜呜地哭喊着妈妈来帮忙，“妈妈，我找不到贴有超级飞侠图案的长方形黄色积木了。”

妈妈一听就知道辰辰又把玩具乱丢了，每次找不到都会哭，就说:“看来‘乱丢小魔怪’又来捣乱了，把你的超级飞侠积木到处乱丢，到了用的时候，就找不到了!”

一、玩乐高时会出现哪些问题

在玩乐高的时候，会出现哪些问题呢?

1. 边拼搭边发脾气

大多数孩子都喜欢玩积木，但是对于一个新手来说，特别是还不会拼的时候，往往会发脾气，甚至不再爱玩积木了。孩子心里想拼的东西，无法通过积木的搭建呈现出来，心里受挫就容易发脾气。这体现在条理性方面就是计划性不足，他不清楚应该先选哪些积木，什么形状，什么颜色；同时，也体现在记忆力方面，孩子拼了一部分之后，可能已经忘了最初自己想要搭建的是什么了。

2. 总缺零件

等到孩子熟悉了积木的基本玩法之后，随着孩子的成长，一部分孩子会尝试自己去看图纸搭建。初次独自看图纸是一项挑战，这里涉及更多的条理性，尽管图纸已经清楚给出了每一个步骤，但是不同思维的孩子有完全不同的拼搭方式。在准备材料的时候，一部分孩子习惯做一步找一步材料；也有孩子习惯先找出所有的材料，按步骤分类摆放好后再全身心地搭建。这时候，如果出现零件缺失一两个怎么办？是选择其他类似积木充当，还是直接放弃，这就体现了孩子条理性能力中的灵活力了。

3. 时间长

寒假聚会时，一个妈妈分享了孩子对乐高搭建的痴迷，孩子一个人在房间里旁若无人甚至忘了吃饭的时间，完全沉浸在自己的积木世界中，拼搭了整整 8 个小时。我一方面特别佩服这个孩子的专注力，同时也建议她和孩子沟通一下积木搭建中运用到的条理性能力中的时间力问题。我们可以提前预测好自己搭建一个作品需要的时间，这样既可以提高效率，又可以腾出更多的时间去做其他自己喜欢的事情。

4. 到处放积木

我的一位朋友曾经抱怨，最让她头疼的是哪个房间都能找到孩子的积木，以及客厅满地都是积木，真的是目之所及皆是积木。每次收拾好了，她都会叫孩子以后别再玩乐高了。这里就涉及玩具整理的条理性问题了。

二、乐高培养孩子的条理性

在乐高游戏中，可以培养孩子哪些技能呢？下面我们具体看看。

1. 低年龄段孩子

（1）理解学习分类方法

搭乐高积木直观的表现就是做事要有条理性，通过对乐高积木的归类即可简单判断。可以按照颜色、形状、用途等多种标准，对乐高积木进行有条理的分类。父母可以有意识地引导孩子发现事物的共同点，进行归类训练。

（2）掌握一些空间概念

空间概念可能对孩子来说有点难度，但是在玩乐高的时候可以帮助孩子明确里外前后、上下左右等简单的空间方位知识。

（3）理解基本的数字

很多孩子从小就开始学数数，但是他们只是能够按照顺序背下来，根本不理解数字的用途，父母可以引导孩子对积木进行点数，通过清点让孩子了解实物数量与数字的对应关系，也有利于培养孩子的思维能力。

（4）了解各种形状

积木中有各种形状，父母可以有意识地引导孩子发现它们的不同，并思考哪些形状是一样的，形状分类也能提高孩子的逻辑思维能力。

2. 高年龄段孩子

（1）提升孩子的专注力，培养专注的好习惯

在乐高搭建的过程中，孩子不仅要用手，还要用脑，要观察、分析和判断。整个过程，孩子都在自己的思维中专注地进行着，甚至还会经历多次失败，一次又一次地重新开始，直到问题解决，从而锻炼了孩子的意志力，让孩子遇到问题主动思考，不逃避。

（2）提升语言表达能力，锻炼孩子的记忆力

经过一个多小时的努力，孩子搭建了自己的积木作品。完成作品后，他会想向别人分享。例如，向自己的父母或者朋友展示。在这个过程中，孩子需要组织语言文字，边表达边展示边回忆自己搭建的过程，不知不觉提升了语言表达能力，同时也增强了孩子的自信心。

（3）帮助孩子理解数学抽象概念，锻炼孩子的灵活力

很多人都觉得数学很抽象，特别是立体几何，而乐高则是将数学具象化最好的工具。以正方体为例，积木的不同颜色正好可以让孩子清楚地、具体地看到摸到正方体的不同面。这样可以让孩子很好地理解，不同的角度看到的面不同，从上往下看到的可能是红色的正方形，但是从前往后看可能就是蓝色的正方形。还例如，很多孩子对“对称”这个概念不太明白，通过搭建乐高，可以更好地理解这个概念。同时，孩子也能领悟到，即使是同一个物体，观察的

角度不一样，得到的结果可能就不一样。这样，孩子就能理解遇到事情可以从多个角度去分析，从而锻炼了灵活力。

（4）培养孩子的反思力，提高理解力

学龄前的孩子通过乐高积木可以学习数的概念，认识颜色，进行分类，按规律排列等，这些是数学的基础。上了小学的孩子，可以将乐高与编程结合运用，尤其乐高机器人是个不错的选择，其中涉及很多数学知识。例如，要让机器人向前走，该怎么办？这里就需要让程序完成计算。那为什么程序可以完成计算？只有利用编程的知识，加上数学思考，真正理解最终目标，不断反思和调整，才能编写出合格的程序，让乐高机器人动起来。复杂的程序拆解，对孩子理解力和反思力的提高具有很大作用。

（5）强化数学能力，提高孩子的执行力

乐高可以提高统筹布局能力、逻辑思维、推理能力，这些都是学习数学的必备能力。乐高搭建中的组织和分析，以及将整体拆分成部分再逐个搭建的拆解思维，在解决数学问题时经常用到。复杂的乐高搭建活动，更有助于数学能力的强化。孩子在乐高搭建中获得的成就感，让孩子更有信心去执行更多的活动。

了解了乐高积木搭建培养的技能之后，我们就可以站在孩子的角度，更好地理解在游戏中出现的问题了。从孩子的成长阶段来理解，不同年龄段的孩子有不同的发育特点。乐高积木的搭建并非单一的活动，很多时候它还需要孩子具有一些物理、机械、几何甚至艺术建筑等知识，整体来说是一个综合性很强的活动。孩子年龄段不同，对乐高的兴趣和需求也不同，具体见表3–4。一个四五岁的孩子搭建起来的造型往往平面感更强，随着年龄的增长，孩子开始搭建空间立体造型了。再大一点，孩子会加入更多的元素（比如电机、轮轴等），除了想象力之外，也开始结合实际运用进行拼搭构建。

表 3-4 不同年龄段玩乐高的特点

年 龄	发展特点	喜欢的类型	培养技能 / 知识
3—4岁	通过五感认识世界	围圈、动物、简单搭建	认识情绪、颜色、数字、形状等，锻炼观察力和专注力
5—6岁	手部精细动作、手眼协调、好奇心重、执着细节	轨道、车轮、齿轮类	物理基础知识：平衡杠杆，锻炼计划力、观察力和专注力
7—12岁	想法很多，喜欢尝试和探索	编程、动力装置	综合知识的探索运用，锻炼灵活力、创造力和反思力等

三、如何在乐高游戏中锻炼条理性思维

在玩乐高时，孩子需要多种能力的提升，我们将此带入游戏中来解决。下面以学龄前孩子为例，来说明如何使用乐高积木更好地帮助孩子培养条理性思维。

1. 使用方法

（1）感知。首先让孩子通过眼睛观察这些积木的形体特征，然后用手感知一下，通过这种看一看，摸一摸图形的边边角角，知道

每个图形的形状和特征。

（2）辨认形状。在众多的积木中，让孩子辨认出不同的形状。

（3）给积木分类。统一形状的积木归为一类，并说出这类积木的形状。

（4）给积木排队。按照大小、高低、粗细等标准，对积木进行排序。

（5）空间立体感知。摸积木，将积木放在箱子里，让幼儿将手伸进箱子，按指示摸积木。例如，摸一块长方体的积木，通过触觉辨别几何形体的不同特征。

（6）数积木。在孩子用积木搭好一样东西以后，可以让他们计算每个形状的积木用了多少块，大一些的孩子还可以要求他们用纸笔记录下来，这样既可以辨别形状，又可以进行点数活动，并练习写字。

（7）给所有积木找朋友和安家。每个积木都有自己同类型的朋友，也都有自己的家，取个喜欢的名字，每次完成游戏后，让孩子带积木回到自己的家，如图3–2所示。

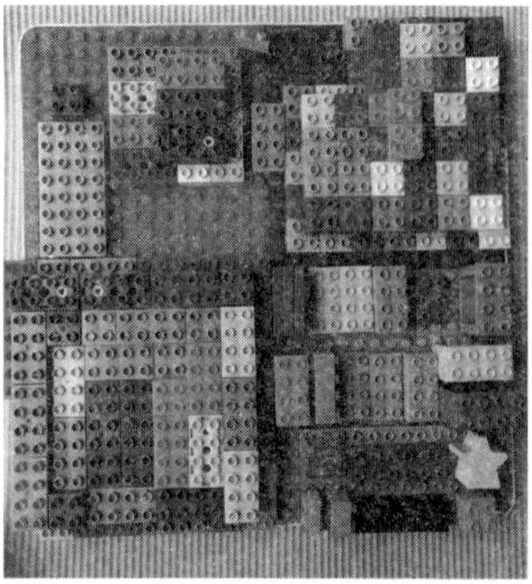

图3–2 给积木找朋友和安家

2. 注意事项

整个搭建过程中，需要父母在一旁指导和陪伴，适当地引导孩子动手动脑，帮助孩子学会思考，并能够积极面对尝试过程中遇到的困难。

（1）高质量地陪伴和指导

父母是孩子的教练，观察和指导是教练的责任。陪伴的过程不仅可以收获良好的亲子关系，还能锻炼孩子的思维力。根据前文所述，有父母陪伴指引的助力，可以让孩子学会如何计划做一件事，怎么勇敢去执行，以及如何对时间进行把控，遇到问题怎么灵活解决。

（2）不包办代办

很多父母陪伴孩子搭建积木时，最后变成了自己搭建，孩子围观。孩子是主体，父母是辅助者，不可为了偷懒就敷衍陪伴，自己直接搭一个积木玩具应付孩子。这样做既浪费了时间，又剥夺了锻炼孩子的机会。

3. 习惯养成

从计划搭建到实际拼搭，到最后的成品，并非天马行空地想到哪里搭哪里。好的习惯可以让孩子在游戏过程中愉快又高效地学习到可能受用一生的底层能力。在积木拼搭中，建议按以下步骤开始习惯养成计划。

（1）初步计划

对于低龄孩子，父母可以带着孩子一起来完成自己的想法。例如，可以以提问题的形式和孩子展开计划——如果我们要搭一个停车场，需要用到什么图形，你想要哪些颜色，这些颜色用在什么地方，我们要搭建多大的停车场，多长时间可以完成等。准备好纸笔，记录初步的计划。

（2）记录困难

在搭建过程中，可能会出现一些始料未及的困难。例如，零件缺失，零件破损，或者孩子想要的图形无法拼搭完成。这里建议父母多一点耐心，认真帮助孩子记录这些困难。当困难记录完毕后，说给孩子听，可以鼓励孩子并和孩子一起探讨有什么可以解决的办法——缺损的零件是否能找到替代品，较复杂的图形目前完成不了，我们是否可以先完成一部分，再各个击破，想办法完成剩下的。

（3）反思与总结

即使是学龄前的孩子，这一步也必不可少，从小就养成反思与总结的习惯，对孩子以后的学习和工作都有好处。那么，反思与总结什么呢？反思出现的情绪波动原因是什么，核对实际操作花费的时间与计划时间差多少，有无浪费时间的步骤，哪一步可以节约时间等。总结整个搭建过程中学到的知识，比如灵活替代、卡扣紧致的方法、搭建技巧等。

（4）从哪里拿的，放回哪里

孩子必须将所有的积木送回积木自己的家，记录积木总数，以便每次核对数量。不仅仅是积木，整理收纳会体现在生活中的各个方面，收纳盒是积木的家，书包是书本的家，文具盒是笔、尺子和橡皮的家。东西从哪里拿的，要放回哪里。

我们可以使用活动统筹表和活动实施表，和孩子一起梳理活动流程，记录活动过程和活动要点，并将其做成一个模板，之后的每一次活动我们都按这个模板来进行，这样就会养成好习惯。

4. 如何奖励

我们都希望孩子在游戏中能学到知识。奖励机制可以从这个角度出发，偏重游戏过程中的整体规划、解决问题和总结的能力，我们可以按照活动实施表中的操作步骤给予积分奖励，将积分纳入观察记录表中。

✓ 完成完整的四步骤（初步计划、记录困难、反思与总结、放回原处），奖励 40 个积分，完成一个步骤给予 10 个积分。

✓ 解决了 1 个突发问题，奖励 10 个积分。

✓ 总结 1 个知识点，奖励 10 个积分。

·小结·

本节主要介绍了如何通过乐高积木培养孩子的条理性思维。在游戏过程中，通过感知、辨认形状、给积木分类、数积木、拼搭等方式，更好地锻炼孩子的条理性思维。

经过一段时间的练习，相信孩子可以熟悉乐高积木的玩法，并在拼搭过程中更好地锻炼灵活力、记忆力、专注力，不断提升条理性思维。

第四节　扑克牌有妙用

扑克牌，又称纸牌，由于制作简单携带方便，因而成为很多人喜欢的游戏。

在蒙氏育儿理念中，游戏是用来训练思维的最佳方法。相比死记硬背和题海战术，扑克牌的确也是一种简单有趣又有效的形式。在玩扑克牌的过程中，不管输赢，大脑都需要高速运转，不断推理和观察，或想尽办法解决游戏中的难题，或巧妙出牌帮助同伴堵死对手。

下面我们将通过扑克牌的三个游戏，一起来看看如何将扑克牌巧妙用在条理性思维训练中。这些有趣的游戏，不仅可以边阅读边思考，更建议拿出扑克牌实际操作演练，相信我们可以在这些游戏中变得更有条理性。

一、同色分类：锻炼数感

拿到一副扑克牌，孩子最先看到的是花花绿绿的数字和人物花牌，除了好奇花牌是什么之外，对数字敏感的孩子会自然地玩起游戏来，他们有时候会把数字和花牌分开，有时候会将同一个数字放一起，有时候会按大小去排序，我们可以根据孩子的兴趣和孩子一起玩游戏。

我们先来看同色分类的游戏，分类游戏可以锻炼孩子的模块化思维，提升孩子的分析能力。通常我们会按照事物的不同性质、不同表象等特征来进行分类。扑克牌的表象有颜色和数字，我们可以选择其中一个或者多个特征进行分类。

1. 使用方法

（1）先剔除大小王、A、J、Q、K，然后将剩下的牌，不分花色地随机打乱。因为孩子一般不容易把这几张扑克牌和数字对应起来，所以需要剔除。

（2）从剩下的扑克牌中任意抽出三张牌，随机排列。

（3）父母出题，比如要求对不同颜色数字进行加或减后再排序，之后孩子进行游戏。

（4）举例说明。以三张牌举例，黑桃 7、红块 8 和红桃 9。游戏前，按照从小到大排序，顺序为黑桃 7、红块 8 和红桃 9，如图 3–3 所示。家长出题：红色牌减去 3，再按照从小到大排序。游戏答案：正确排序是红块 8、红桃 9 和黑桃 7，如图 3–4 所示。

图 3–3　黑桃 7、红块 8 和红桃 9

图 3–4　红块 8、红桃 9 和黑桃 7

2. 注意事项

（1）根据孩子的实际水平循序渐进，一步一步来，跨台阶玩的话孩子玩得吃力，甚至带着情绪玩游戏，这样反而失去了游戏的意义。

（2）低年龄孩子尝试同种花色的牌从小到大排序，熟练之后再增加花色排序，注意尽量按一定规律进行排序。例如，黑桃2、红块3、黑块4、红桃5、黑桃6、红块7、黑块8、红桃9。

（3）大点的孩子可以增加难度。例如，按一定规律跳着数字排序，红块3、红桃5、红块7、红桃9，然后请孩子观察后继续排序。这非常锻炼孩子的观察力、专注力和反思力，孩子不仅需要注意数字的变化，还要留意颜色图形的变化。这种让孩子在游戏中学数学的方式，可以说是“一举多得”。

（4）在必要时提示、回应孩子。提示可以触发大脑启动某种行为，孩子好的习惯的养成，离不开父母的提示和回应。在孩子年龄尚小的时候，要特别注重支持孩子，不能不管不问不帮助。

（5）游戏结束后，要让孩子自己整理收拾打乱的扑克牌。在收拾的过程中，孩子也在理解分类的概念。如果父母经常帮助整理收拾，反而浪费了培养孩子分类能力的机会。

3. 习惯养成

分类是非常重要的一种数学启蒙思维，我们可以通过扑克牌游戏有意识地让孩子养成分类习惯。分类的基础是首先得认识“类”的概念，用孩子喜欢的玩具来教孩子分类，孩子的接受程度会更好。

例如，可以按颜色、大小、用途等对玩具车进行分类。

4. 如何奖励

完成游戏可以获得基础奖励（10个积分），额外奖励主要体现在提高孩子观察力、专注力和反思力的过程中。有多种排列规律的时候，孩子每发现一种，可以额外奖励5个积分，并将积分纳入观察记录表中。这样可以鼓励孩子尽可能去寻找更多规律，考虑问题更全面。

二、二十四点：锻炼计算能力

计算能力是学习习惯培养的重要一环，好的计算能力是准而快，可以节约很多时间用于完成更难的习题。每日的计算训练，有时候会让孩子越练越烦躁，越做错误越多。这时，我们可以换一种训练形式——二十四点游戏。什么是二十四点游戏呢？即将一副扑克牌的大小王去掉，然后从中随机抽取四张牌作为一组，运用加减乘除和括号运算，使得最后结果是24。

这个游戏非常锻炼心算能力，还需要眼明手快，快速看清四张牌后，迅速启动大脑找到解法，拼手速发出信号，最终才能赢得比赛。这是一款健脑益智的好游戏，除了提高计算能力，还特别锻炼专注力、时间力和反应力。

1. 使用方法

（1）去掉大小王，将剩下的52张牌不分花色地随机打乱。

（2）牌上的字母代表一个数字，其中 A=1，J=11，Q=12，K=13。

（3）随机取出四张牌，用四张牌代表的数字进行计算，可多次使用加减乘除，包括括号，使得计算结果是 24。每张牌必须且只能使用一次。

举例：

去掉大小王，甲和乙每人分 26 张牌，两个人同时分别亮出两张牌，1 分钟倒计时，谁先算出 24，谁就可以先拍手，然后迅速说出自己的算法。如果算法正确，则对方两张牌归自己；如果错误，则自己两张牌归对方。如果时间超过 1 分钟，无任何人算出，则拿回自己的两张牌，最终拿到对方全部牌的一方获胜。

2. 注意事项

（1）父母不可操之过急，首先要教会孩子认识数字 1 到 10。

（2）低年龄孩子建议去掉 J、Q、K，只留下 A 到 10 四个花色共 40 张，其中 A=1。设置适当难度，有利于保护孩子的积极性和热情。

（3）初玩游戏时，可以从最简单的开始，逐步提高难度，不要打击孩子的自信心。例如，四张牌只用加减法算 10 以内的点数，学了乘除法后，再加入乘除法运算。

3. 习惯养成

（1）总结技巧

这里需要父母适当引导孩子去发现规律，进而总结出一些技巧。事后总结，不仅可以提高孩子的概括力、反应力和反思力，还能提高孩子的观察力和表达力。孩子总结出规律后表述给父母听，一起探讨和验证，还能增进亲子关系。

（2）实践证明

总结出的技巧，可以继续在游戏过程中去验证和实践。反向思考也是一种反思力的锻炼。有问题的及时纠正，缺少的正好加上。这种实践证明的思维非常重要，它不仅教给孩子对结论要有验证的过程，而且让孩子辩证地看待自己的总结，对孩子的成长很有益处。例如，常见的能得到 24 的乘法算式 $2\times12=24$，$3\times8=24$，$4\times6=24$，孩子在总结这些技巧的时候，也在思考四张牌也就是四个数如何快速地凑成 2 和 12，3 和 8，4 和 6。

以 3、3、6、10 四个数为例，关键看是否能把其中的两到三个数凑成上面常见的三种乘法形式：

可以 $(10-6)\times(3+3)=24$　　对应 $4\times6=24$

或者 $(10-3-3)\times6=24$　　对应 $4\times6=24$

或者 $3\times(10-6\div3)=24$　　对应 $3\times8=24$

（3）处理特殊情况

对特殊情况的总结，可以锻炼全面思考问题的能力；而对特殊情况的验证，可以提高反思力和观察力。

①利用 0 和 1 的特性来求解。例如 2、2、3、8，先看是否可以直接凑成常见的三种模式，可以 $3\times8+2-2=24$。

②注意直接加减的情况，这是低年龄孩子最容易想到的一种情

况。例如3、4、8、9，四张牌的和直接就是3+4+8+9=24。

（4）共同解决困难

突出“共同”二字，这可以锻炼孩子的团队思维。在家里，和父母一起解决；出了家门，和伙伴一起解决困难。这样可以感知团队氛围，以及问题解决后的幸福感。父母一定不能因为需要多花时间就让孩子一个人去处理游戏中的困难，适当地引导和鼓励，可以让孩子更有勇气面对困难。

4. 如何奖励

每次游戏，胜方可以获得相应的积分，这里更建议按步骤给额外奖励：探讨、实践、总结、验证及处理特殊情况。每完成一步，奖励10个积分，均纳入观察记录表中。

·小结·

本节主要介绍了如何通过玩扑克牌培养孩子的条理性思维，并且详细介绍了同色分类和二十四点两种扑克牌玩法，帮助孩子在游戏中锻炼数感和计算能力。

经过一段时间的练习，相信孩子可以熟练掌握同色分类和二十四点这两种扑克牌游戏的玩法，在游戏过程中更好地锻炼专注力、时间力和记忆力，不断提升条理性思维。

第四章

说话有条理，表达更清晰

孩子的语言逻辑不是天生的，而是在成长过程中慢慢培养和训练出来的。孩子一旦养成有逻辑的思考习惯，遇到问题便更有利于问题的解决。语言是思维工具，更是一个人思想的外化表达。能够有条理地思考，进而更有条理地表达，将使孩子受益终生。

本章我们将教孩子如何做自我介绍、如何演讲，以及在家庭生活中开辟家庭会议这个日常练兵场，练习孩子的思考与表达。

第一节　让孩子认识自我，从自我介绍开始

在孩子的语言表达能力方面，很多父母可能存在一些误区。一些父母认为，孩子现在还比较小，表达不清没关系，等孩子上学了，自然而然就能说清楚。还有一些父母认为，有些孩子能说会道是天生的，我家孩子就是不善于表达，只要他做得好就行，至于说得如何应该没那么重要。

每个孩子都是不同的，都有自己独特的地方，每个孩子都有自己的想法。我们要做的就是，帮孩子建立起一条表达通道，让孩子有能力思考并表达自我。锻炼孩子说话的条理性，我们先从孩子练习自我介绍开始，这也是孩子开启自我认识的开端。

一、孩子自我介绍现状

孩子经常需要进行自我介绍，比如新班级入学、加入新的集体、认识新的朋友等。但是，在自我介绍中主要存在两个问题。

1. 言之无物

很多孩子在家里话特别多，还经常自言自语，可是，当父母真的要他讲清楚一件事的时候，就开始东一句西一句，不知道该说

什么，或者不知道该怎么说了，他们会一直说“然后，然后，然后……”例如，让他们给大家做个自我介绍，他们很多时候一言不发，东躲西藏，或者只说自己的名字，然后就不知道该说些什么了。

2. 言之无序

有的孩子在介绍自己时，有条理，有亮点，通过一段介绍将自己的特点展现在大家面前；也有的孩子在介绍自己时，虽然说了一大堆，听的人却很难记住，很快就忘记他说了些什么。这时候就会非常打击孩子的信心，孩子会觉得自己过于普通，没有优点和特长。

对于孩子来说，并不是天生就会精彩地介绍自己。在日常生活中，如何有条理地进行表达是非常重要的，而且是需要经过长时间练习的。所以，作为父母，我们应该帮助孩子更多地进行练习，让孩子更清晰更有条理地表达自己。

二、为什么要让孩子学会做自我介绍

对于孩子来说，自我介绍是表达自我的基石，是开始展示自我的第一步。父母一定要了解并且让孩子也清楚地了解自我介绍的重要性。

1. 在陌生群体中展示自我

初到一个陌生环境中，孩子往往不知道该说些什么，一次自我介绍就能让孩子们更了解彼此，进而找到共同的兴趣爱好，找到共同的话题。

2. 让孩子有深入了解自己的机会

很多孩子之所以拒绝在众人面前介绍自己，是因为他不知道到底该介绍自己什么。而在提前梳理自我介绍的过程中，就给了孩子提前准备的机会，也让孩子有时间来充分了解自己，“我并不是只有一个名字，我还有自己的优点、特长、兴趣”。

3. 给孩子建立表达的信心

自我介绍是可以练习的，教会孩子做精彩的自我介绍，可以让孩子在集体中脱颖而出，让孩子体验到清晰表达带来的好处，帮助孩子建立表达的信心，从而让孩子更愿意通过说话来展示自己的内心想法。

4. 锻炼孩子的计划力和执行力

自我介绍可以锻炼孩子的计划力和执行力。自我介绍到底应该说什么？这里的内容安排就属于思考的逻辑问题。先介绍什么，后介绍什么，应该介绍什么，都需要经过思考。一个好的自我介绍要有结构，逻辑清晰，有条理。学做自我介绍的过程，本身就是孩子在执行一个小的项目。按照步骤有条理地完成项目的过程，也是孩子锻炼计划力和执行力的过程。而孩子拥有较强的计划力和执行力，他就可以自己制订学习计划，安排自己的学习。

三、工具模板：自我介绍四步法

那么用什么工具教孩子准备一份自我介绍呢？可以使用“自我介绍四步法”模板，按照模板就能教会孩子有条理地做自我介绍。

四、模板使用方法

下面以新加入班级时，孩子进行自我介绍为例，介绍这个模板如何使用。

第一步：打招呼。

自我介绍的开篇，首先要和大家打招呼问好，要点是简短，吸引大家听你说话。例如，“大家好！”“尊敬的/亲爱的各位老师、同学们，早上/中午/下午好！”

第二步：介绍自己的基本信息。

向大家问好之后，就可以介绍自己的基本信息了，主要包括名字、年龄、年级、家乡等。例如，“我叫×××，今年×岁，在×年级”。

这部分中，最重要的是介绍自己的名字，每个人的名字都代表着不同的含义，有的可能还有特殊的意义，讲出名字的意义，更加有益于加深别人的印象，尝试从以下四个方面入手。

（1）名字的解释

孩子名字的由来是什么，名字里面的字有什么特别含义，这时可以拿出字典，给孩子查一查他名字的含义，可以给孩子讲讲为什么要给他取这个名字。

（2）名字的美好寓意

每一个孩子的名字，都一定饱含父母的希望及对孩子的祝福，这时候讲出来，不仅能让孩子记住，更会对他起到激励的效果。

（3）关于名字的故事

有些孩子的名字源于典故或者成语故事，这么精彩的内容，一定要讲出来，因为故事最容易让人记住。

（4）是否有可爱的外号

想要更亲切一点，可以告诉大家自己曾经有什么有趣的外号，以后大家可以叫你什么。因为外号一般是最了解自己的人对自己最形象的称呼，也可能包含了自己的个性和特点，可以打破距离感，能够瞬间拉近自己和别人的距离。

第三步：展示自我。

第三步是自我介绍中最重要的部分，也是每个人独一无二的地方，可以立体地展示自我，将自己的故事讲给别人听，并在短时间内突出自己的亮点，从而给人留下深刻印象。

展示自我主要有两个要点。

（1）主要介绍自己的爱好、特长、喜欢的东西等。

• 爱好 / 特长。孩子做什么事会特别开心，会做得很好。例如，唱歌、跳舞、朗诵、踢足球等。

• 喜欢的食物。最爱吃的水果、蔬菜等。例如，最喜欢吃桃子。

• 喜欢的动物。例如，最喜欢猴子、大象。

• 最喜欢的科目。例如，最喜欢上数学课。

• 家里是否养了小宠物，养了什么宠物，跟宠物之间有什么互动和故事。

• 最喜欢的书 / 电影 / 歌曲。对自己有启发的书，让自己有感受的电影和歌曲等。

• 最喜欢的颜色。具体是哪一种，为什么喜欢。

• 自己的优点 / 长处。最擅长做的事，自己有什么好的品质。例如，乐于助人。

（2）让孩子在上述介绍的基础上，进阶地介绍取得的成绩。这些成绩最好用数字和心情描述来展示。

• 自己取得了什么成绩。例如，上课被老师表扬，考试拿到了第一名等。

• 比赛获奖。例如，钢琴比赛第一名等。

• 学会了某项技能。例如，学会了自己洗衣服，学会了人生的第一道菜等。

下面我们举例来看看“展示自我”这部分加上进阶介绍之后的区别。

【普通版】

我最喜欢弹钢琴。

【标准版】

我喜欢弹钢琴，获得了地区少儿组比赛第二名。

【进阶版】

我特别喜欢弹钢琴，每天都要花2个小时练习，每天到了练习的时间，不管多累我都会坚持，在钢琴比赛中我获得了地区少儿组第二名。获奖的时候，我特别开心。那时候，我觉得自己的练习都是值得的。

第四步：表达期望，结尾感谢。

简单分享一下自己理想中的班级或者集体，为此自己将会为班级作出什么贡献等，表达自己的心愿和期望。以上全部完结之后，就可以为自我介绍画上一个圆满的句号。最后，别忘了感谢大家。

例如，“很高兴认识大家，希望我们可以成为好朋友，在生活和学习中相互帮助。谢谢大家！”

自我介绍的案例：

大家好！

我叫周慕野，今年8岁了。“慕”是羡慕的慕，“野”是田野的野。爸爸妈妈说，给我取这个名字是希望我在广阔的田野上大有作为。

我是一个活泼开朗的男孩，我特别喜欢运动，跑步、平衡车都是我的长项。而且，我还特别喜欢跆拳道，经过自己的刻苦训练，我现在已经红带了，练习过程有时候又苦又累，但是教练经常夸我努力，我也更有动力了。

我还喜欢看一些课外书，比如历史故事等。大家如果对历史感兴趣，可以找我一起探讨。平时我还喜欢各种车，我已经能记住

30 多种车标了，我也希望将来能研发自己的汽车。

我特别喜欢和同学们一起玩，大家在一起时我很开心，我也愿意帮助遇见困难的同学。

今天认识大家特别开心，希望可以和大家成为好同学、好朋友。谢谢大家。

自我介绍四步法不仅适用于孩子新加入一个班集体，还适用于孩子加入新的兴趣班、读书会等。

五、注意事项

在引导孩子做自我介绍的过程中，很多父母都会遇到这样的问题，他们不知道孩子有什么特长，或者平时生活中不善于发现孩子的优点。为了帮助孩子自信地介绍自己，还有两个技巧分享给大家。

1. 多给孩子正向引导、正面评价，让孩子自信上台

在生活中，父母可以通过多给孩子正向引导、正面评价帮助孩子发现自己的优点。例如，孩子喜欢长跑，便可以引导孩子发现他的耐力和毅力很强。

这些正面评价需要父母引导孩子去发现，它们不但会使孩子在自我介绍中“言之有物”，更将成为孩子走向自信的奠基石。

2. 让孩子养成记录成功日记的习惯

在自我介绍的时候，有时还会面临不知道自己有哪些成绩的问题。

孩子会觉得自己很平凡很普通，从而拒绝做自我介绍，而这些成绩需要在平时做积累。如何做积累呢？让孩子养成写成功日记的习惯。

在平时的学习和生活中，取得了哪些小成绩，都一一记录下来。例如，“今天上课，我回答对了一道大家都不会的问题，同学们都觉得我很了不起”“今天的作业我全部得了优+，老师表扬了我，我特别自豪”“今天我帮助爸爸妈妈收拾碗筷还洗了碗，爸爸妈妈表扬我洗得很干净”等。这些看似很小的事情，却可以帮助孩子积累很多素材和信心。

这两个小技巧，可以帮助孩子丰富自己的自我介绍。而且，自我介绍写好之后不是一成不变的，而是随着孩子的成长不断改变的。那么，这两个技巧就可以帮助孩子持续不断地优化自我介绍，为自我介绍积累素材。

六、习惯养成

孩子平时该如何练习自我介绍呢？我们可以帮孩子制作一个自我介绍练习板，如图4–1所示。制作步骤具体如下。

第一步：准备一张大卡纸，根据自我介绍四步法中的内容填写模板，粘贴上孩子的照片。

第二步：在边角区域，让孩子用各种颜料、素材装饰起来。

第三步：让孩子拿着自我介绍练习板进行自我介绍，可以把孩子做介绍的过程录下来，然后客观地进行分析。和孩子讨论，看看在哪个步骤可以做得更好。

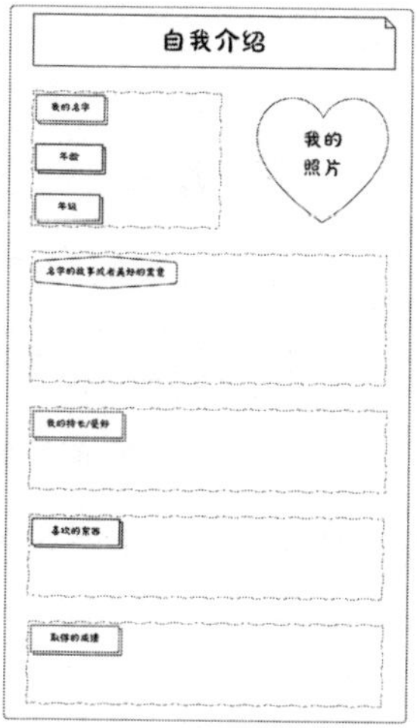

图 4–1　自我介绍练习板

第四步：根据孩子成功日记中的内容更新自我介绍。

平时的练习板，还可以升级成为孩子的个人海报，不断孩子表达更多的想法和创意。

七、如何奖励

为了鼓励孩子用自我介绍四步法练习并养成习惯，不断提高孩子的计划力，可以在家庭观察记录表上记上以下目标。

✓ 孩子完成一次公开场合的自我介绍。

✓ 孩子更新一次自我介绍个人海报。

✓ 孩子在家完成一次自我介绍练习。

每成功完成一个小目标，就可以在家庭观察记录表上记上20个积分。

·小结·

本节主要介绍如何让孩子更加有条理且丰富有趣地做自我介绍，解决孩子在自我介绍中言之无物及言之无序的问题。

通过一段时间的练习，相信孩子能够掌握自我介绍的要点。同时，根据自我介绍四步法的步骤，练习写出一篇自我介绍，并且不断积累。在这个过程中，孩子提高了计划力、执行力，锻炼了自己的条理性思维。

第二节　让孩子充分展示自我，从演讲表达开始

孩子从进入幼儿园开始就要接触他人、接触集体，再到小学、初中、高中，直到进入社会，都需要不断与人交往。很多父母都希望孩子能在集体中很好地展示自己，从人群中脱颖而出。其中很重要的一点，就是孩子的公众演讲能力。例如，在同学和众人面前，条理清晰地表达自己的观点和想法等。

演讲表达是一个人的思想通往外界的桥梁，也是孩子成长过程

中了解他人、表达自我的重要方式之一。演讲表达不是每个孩子生来就有的能力，而是经过后天学习与不断练习得来的技能。因此，培养孩子的演讲表达能力尤为重要。

一、孩子在演讲表达中存在的问题

很多孩子小时候很愿意表达自我，父母还会觉得孩子讲的话很有趣。但是，随着年龄的增长，孩子并没有在演讲表达上刻意学习与训练，如果还像小时候那样讲话，就会出现各种各样的问题，而且父母也会批评，这些都会打击孩子的信心。下面我们先来看看孩子在演讲表达中会面临哪些问题。

1. 没有内容

这是孩子面对演讲或者讲话时最常见的一个问题，甚至也是很多父母的难题。拿到一个主题，孩子不知道说什么，憋了半天，想来想去，可能讲不出三句话，苦于没有内容可说。

2. 内容太多

孩子能说很多内容，但说着说着就跑题。这是孩子在演讲表达中非常容易遇见的问题。孩子的思维跳跃，很容易由一件事情联想到另外一件事情。所以，明明是要表达一件事情，却说着说着，就说到了其他事情，脱离了自己演讲的中心思想。

3. 条理不清

有些孩子在讲话时经常言之无序，讲话的顺序混乱。具体表现就是没有条理、没有重点，这些不足一旦放到演讲中，听众会很累，即使从头听到尾也不知道孩子到底要表达什么意思。

二、为什么存在这些问题

要想解决孩子在演讲表达中存在的问题，就要清楚地知道这些问题出现的主要原因。主要原因有以下三点。

1. 缺乏发散性思维

因为孩子不会根据主题进行发散，不知道如何展开合适的联想，没有经过训练而缺乏发散性思维，只局限在主题的几个字上，就造成了孩子不知道该说什么好。

2. 主题不明确

孩子在表达自己的想法时，因为不明确自己的观点，所以只能是想到什么就说什么，从而说了很多和主题不相关的话。

3. 前后没有逻辑关系

拿到一个表达主题后，因为孩子不会对要表达的内容进行逻辑编排，导致前后内容没有逻辑关系，所以听起来很乱。

三、工具模板：演讲“一三一”模板

孩子在演讲表达中存在的问题该怎么解决呢？使用演讲“一三一”模板，即演讲表达＝一个开篇＋三段主体＋一个结尾，就能解决上述问题。

开篇：问好并表达明确的观点或主题。

主体：根据开篇主题，提出具体原因、事实以及行动。

结尾：概括总结主题，并呼吁行动。

按照模板的三部分内容，孩子便可以准备一场符合主题且内容丰富、符合逻辑的演讲了。

四、模板使用方法

下面以孩子准备班长竞选演讲为例，介绍这个模板如何使用。

1. 第一部分——开篇

开篇就是一篇演讲稿的开始，重点用来表明这篇演讲的主题或者演讲人自己的观点。开篇要清晰有力地传达主题或观点，因为这种方式开门见山，可以让听众一下就明白孩子的演讲重点是什么，从而理解后面要表达的内容。

一场演讲的开篇通常包括两个部分：公开问好 + 一句话表明主题 / 观点。

（1）演讲表达的开篇主题应该是简单、清晰的一句话。越简单清晰，听的人越容易理解和记住，并且更加愿意听下去。

（2）演讲表达的开篇主题应该是积极正面的。演讲表达展示了孩子的想法，所以呈现出来的主题一定是积极的，向上的，饱含希望的。

关于主题，还有一个小窍门：可以尝试把主题变成一个疑问句，让大家在最开始听的时候，就带着这个疑问听下去。

以孩子做班长竞选演讲举例，孩子的开篇可以是：

各位老师、同学们，大家上午好，我是王晓夏。今天非常荣幸参加班干部竞选，这次我要竞选咱们班的班长。

如果主题使用疑问句，在开篇吸引大家，就可以试着改为：

各位老师、同学们，大家上午好，我是王晓夏。今天站在这里，想和大家一起畅想，如果我成为班长，我将会给同学们带来哪些惊喜呢？

2. 第二部分——主体

主体部分是一场演讲中最重要的部分，主要是对开篇已经表明的主题或者观点进行论述以及支撑。

如果在开篇发起一个主题说，“我会是最合适的班长人选”，却不解释为什么，那么这个想法就是悬而未决的，也就是说需要证明和论据；如果孩子在演讲开篇告诉大家，“相信如果我成为班长，我一定会很好地解决这个问题”，老师和同学就会希望孩子对这个观点做进一步解释，到底会如何做呢？具体的行动是什么？

因此，我们仅表明主题或观点还不够，还需要提供证据让听的人信服我们提出的观点，也就是在提出观点之后，还要分享为什么或者怎么做等。

如何写主体部分呢？主体部分一般为三段结构，主要内容是围绕开篇主题延伸出的具体原因、事实以及行动。

原因，罗列各种原因及理由来支持开篇提出的主题或者观点。

事实，根据主题或者观点描述出的实际情况或存在的挑战。

行动，围绕主要观点可以采取的具体行动。

例如，大家为什么要选我做班长呢？我心中的班长应该是什么样的？成为班长后，我会做哪些事情呢？

3. 第三部分——结尾

结尾作为一篇演讲稿不可缺少的一部分，是不能忽视的。通常由“再次概括总结主题＋呼吁行动”两部分组成。

演讲如果已经超过了5分钟，那么在最后结尾的地方，听的人需要被提醒，重点是把前面的内容再次简单回顾并且重申主题或观点。呼吁行动的作用是把我们提出的主题或观点具体行动化，要求听众对主题采取行动，或者大家共同采取一些行动。

呼吁行动，可以采用以下两种形式。

第一，请听众做出最终决定。例如，“如果我成为班长，将会一一实现我刚才的承诺，请老师和各位同学为我投票！”

第二，可以激发合作。例如，“让我们在爱护班级这件事上一起群策群力，共同把我们班打造成全校最好的班级。”

例如，演讲的结尾：

各位老师和同学，请不要吝啬手中的选票，投我一票，我一定会成为大家心中优秀的班长。

班长竞选演讲的案例：

各位老师、同学们，大家上午好，我是王晓夏。

今天非常荣幸参加班干部竞选，这次我要竞选咱们班的班长。

我想说的第一点是，大家为什么选我做班长呢？

首先因为我有责任心，老师和同学们交代给我的事情，我有强烈的责任心做到最好。

其次因为我足够自律，在平时的行为中，我能够以身作则。

最后因为我有爱心，我乐于帮助需要帮助的同学解决困难和麻烦。

那么，我心目中的好班长应该是什么样的呢？

我心目中的好班长应该是老师的好帮手、同学们的主心骨，是老师和同学之间的一座桥梁，有旺盛的精力和清醒的头脑来做好班长工作。

如果我能成为班长，我会做到以下事情。

我会认真处理班级各种事务，充分调动每个同学的积极性主动性，让每个同学在学习上都不掉队，充分发挥每个人的聪明才智，使我们班成为一个团结向上、积极进取的集体。

我会公平公正，欢迎同学们随时给我提出批评和建议，让我不断地改进工作方法，我会勇敢负责。

我会把班级活动作为展示特长、爱好的场所，把学习当作一种乐趣，号召大家在集体里互帮互助。我会组织各种班队活动，让活动成为每个同学展示才艺的舞台，让同学们在学习之余多放松。

马行千里知其是否为良驹，人经百事知其是否为栋梁。各位老师和同学，请不要吝啬手中的选票，投我一票，我一定会成为大家心中优秀的班长。

五、注意事项

在公开的演讲表达中，需要注意以下两点。

1. 要有明确的语言标识词给观众作定位

如果在演讲过程中没有图片展示，没有文字，也看不到讲话文本，就需要“第一点、第二点、第三点”这些标识性词语引领观众跟随演讲人的思路。

（1）在演讲开篇，明确说出自己的演讲主题。

- 今天，我要演讲的主题是 ×××。
- 我认为 ×××。

（2）主体结构的三个部分前，要有标识词。

- 首先，×××；其次（然后），×××；最后，×××。
- 第一，×××；第二，×××；第三，×××。

（3）主体部分关键的地方，也可以提前引起观众注意。

- 接下来我要讲的是很重要的内容 ×××。

（4）发出即将结束的信号作为演讲的结尾。

- 今天，我分享了关于 ××× 的主题。
- 我的演讲到此结束，谢谢大家的聆听。

2. 主体结构尽量划分为三部分

为什么是三部分呢？因为三是广泛使用的数字，容易学习或者容易记住的事情也是三类。研究发现，我们的大脑在听的过程中，没有办法做到不间断地记录，相反，大脑还会趋向于把听到的信息进行分类和整理。

所以，在演讲中，无论孩子想讲多少内容，我们都应该协助孩子把他自己想讲的内容进行分类，主体结构最好不要超过三部分，以三部分为最佳。

六、习惯养成

如何更好地帮助孩子养成演讲表达有条理性的习惯呢？

1. 多练习——帮助孩子建立表达想法的习惯

重点是给孩子创造练习的机会，不一定是正式的演讲。在日常表达中，我们可以创造这样的机会帮助孩子锻炼表达的条理性。例如，把日常的观察、想法，用各种形式记录下来。

2. 多反馈——帮助孩子明白哪里好，哪里还可以提升

当孩子表达了自己的想法或者写了日记、作文等，父母首先要给予肯定，明确说出表达中有条理且清晰的地方，然后再提出哪些地方还可以再提升。给孩子反馈，就是要认真听他说了什么，表达了什么观点，让孩子的表达得到明确的回复。同时打消孩子的担忧，表达没有对错，都是自己观点的呈现。

3. 多引导——帮助孩子分析为什么好，为什么不好，如何更好

在孩子明确表达自己的一个观点后，父母要及时引导问孩子，为什么会有这个想法，为什么有这个观点，原因是什么，并不只是表达赞同或者反对，而是引导孩子进一步思考，锻炼孩子的逻辑思维以及语言表达能力，帮助孩子做总结。如果是很好的话题，还可以进行书面化记录。

七、如何奖励

为了鼓励孩子用演讲“一三一”模板练习并养成习惯，不断提高孩子的计划力，可以在家庭观察记录表上记上以下目标。

✓ 完成一次公开场合的演讲表达。

✓ 完成一次演讲表达的小练习。

每成功完成一个小目标，就可以在家庭观察记录表上记上 20 个积分。

·小结·

本节主要介绍了如何让孩子更加有条理地做一场演讲，以班长竞选演讲作为案例讲解了演讲方法的使用规则，解决了孩子缺乏发散性思维、演讲主题不明确以及内容前后没有逻辑关系的问题。

经过一段时间的练习，相信孩子能够掌握演讲的要点，同时，根据相关演讲方法的步骤，可以写出一篇条理清晰的演讲稿，并不断积累。在这个过程中，孩子提高了执行力、记忆力，更好地锻炼了自己的条理性思维。

第三节　帮孩子学会解决问题，从家庭会议开始

4岁以后，孩子有了清晰的自我意识和自我主张，每天面对的挑战是发现一个个问题，但孩子通常会按照自己本能的方式去处理问题。那么到底如何帮助孩子建立解决问题的意识，学会解决问题的方法呢？举行家庭会议是一种很好的方式。

利用家庭时间给予孩子最佳的训练，可以帮助孩子提升解决问题的能力。除了学校之外，家庭是孩子主要的活动场所，也是影响孩子表达力的主要环境，家人之间的交流无时无刻不在影响着孩子语言的形成。因此，父母如果能够合理地利用家庭时间训练孩子解决问题的能力，就会获得事半功倍的效果。特别是家庭会议这种形式，不仅有利于提高孩子解决问题的能力，还是一种非常好的说话训练方式，能给予孩子充分表达和主导的权利。

一、孩子在解决问题中存在的问题

孩子在成长的道路上，会遇到一个接一个的问题，这些问题既

是挑战，也是机会。在面对问题时，孩子面临的难题主要有三个。

1. 孩子没有解决问题的方法

方法和技能都是需要后天学习以及不断练习的。在训练之前，孩子一般会采用本能的反应来面对问题。所以，我们需要解决的第一个问题就是让孩子意识到，解决问题是有办法的，问题是可以被处理并且可以得到一个好的结果的。

2. 孩子不是解决问题的主导者

如果出现问题，父母出面帮助孩子解决了问题，那么对孩子来说，就失去了学习成长的机会，当类似的事情再次发生，孩子还是没有办法独自解决。要想学会解决问题，一定要让孩子成为解决的主体。父母不是袖手旁观，而是谨慎护航，搭出合适的台阶，陪伴孩子一起往前走。同时，建立让孩子诉说和表达的空间，引导孩子自己提出解决方案。

3. 孩子的感受被忽视

有时候面对一个问题，或者有矛盾产生时，孩子通常会有一种本能的反应，就是产生各种各样的情绪，比如哭闹、伤心等。此时，恰恰父母很容易忽视孩子的感受，通常直接对孩子进行指责和批评，从而压抑了孩子内心的情绪表达。甚至有的父母容易被孩子的情绪牵着走，被孩子的情绪引爆，最终导致自己情绪烦躁，家里鸡飞狗跳。

二、为什么要用家庭会议的方式帮助孩子建立解决问题的能力

定期召开家庭会议，就能解决上述难题。家庭会议有什么具体的好处呢？

1. 亲自示范，学会方法

家庭会议的方式，可以让家庭成员全部参与进来，每个人都有发言的机会。重要的是，父母通过家庭会议的形式，亲自示范解决问题的方法，并且引导孩子参与其中，孩子在实际练习，并且在父母的陪伴下直接实践。其次，全家人坐在一起，就建立了有助于沟通的氛围。最后，家庭会议会尊重每个人的观点，并且大家一起讨论，这些可以让孩子感受到全家人的重视和真诚的态度。

2. 把控情绪，聚焦主题

把问题放到家庭会议上解决，就人为地设置了冷静期，能避免父母和孩子之间的很多争吵。当大家平静下来，才能以尊重的态度来一起解决问题。家庭会议中，客观描述事实，父母引导孩子表达感受，释放情绪，而且会议之前把要沟通的主题提前用文字写好，可以帮助沟通双方就事论事，不跑题、不偏题，聚焦当下讨论的问题。

3. 感觉平等，提高自尊

很多孩子都会认为自己的想法不受父母的重视。如果可以和父母一起开会，并且郑重地讨论一件事情，会让孩子有和父母一样平

等的感觉，这会大大提高孩子的自尊水平。而且可以让孩子知道，他们的感受和想法对于我们来说很重要，我们很珍惜他们的参与。

三、工具模板：家庭会议导图清单模板

家庭会议该如何着手召开呢？应该讨论些什么内容呢？下面就提供一个家庭会议导图清单模板（如图 4–2），帮助父母和孩子在有主题、有仪式、轻松和谐的环境中进行有效沟通。

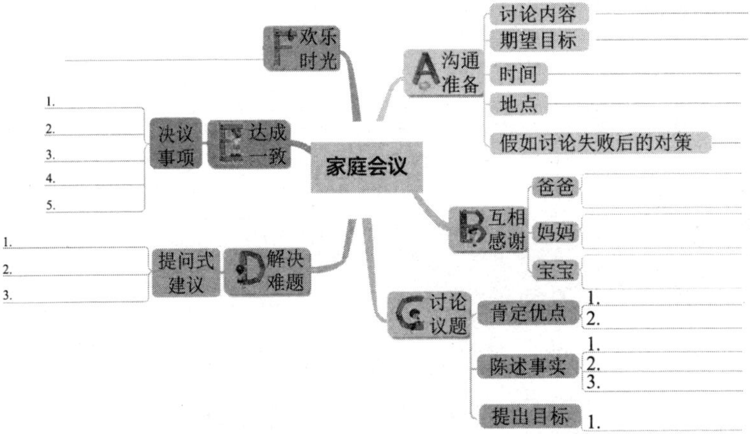

图 4–2　家庭会议导图清单模板

家庭会议导图清单模板主要包括以下内容：

（1）沟通准备：记录基本信息，留存回忆。

（2）互相感谢：每个成员对家庭其他成员，针对具体的行为和事件表示感谢。

（3）讨论议题：肯定优点，陈述事实，提出目标。

（4）解决难题：和孩子一起讨论、协商。

（5）达成一致：记录可行性方案。

（6）欢乐时光：用欢乐的活动收尾，跟孩子建立正向联系。

四、模板使用方法

下面以“孩子晚饭后玩自己喜欢的游戏，比如乐高积木，时间太久而耽误洗澡的时间，最后晚睡”这个家庭中普遍存在的问题为例，介绍这个模板如何使用。

（一）会前

拿出一张提前打印准备好的家庭会议导图清单模板，正式会议之前，填写清单中的第一部分“沟通准备”的内容：明确讨论内容、期望目标或者建议点、时间、地点等。

1. 明确讨论内容

父母要和孩子一起明确本次家庭会议需要解决的问题是什么，或者大家共同讨论的主题是什么。例如，这次针对的是孩子晚饭后不想去洗澡的问题。

2. 提前写好会议期望目标

父母的期望是什么，孩子的期望是什么，有什么具体建议。父母可能希望孩子晚上不要太拖延，尽量能早点洗澡，然后读读绘本故事，早点去睡觉。

3. 确定家庭会议的时间

尽量选择一个父母和孩子心情都比较愉悦的时间，人在放松的状态下比较容易听进去别人的建议。例如，周末的早上或者晚饭之后。

4. 确定家庭会议的地点

在家里任何一个舒服的地方都可以。例如，收拾干净的餐桌旁，客厅里，书房里等。

5. 确定家庭会议中的分工

家庭会议一般需要一位主持人以及一位会议记录人。可以选择轮流主持和轮流记录的方式，很多孩子都愿意尝试主持，父母也尽量鼓励孩子参与主持。如果孩子能够写字，那么主持和记录的角色就要分别尝试承担。

（二）会中

1. 互相感谢

互相感谢是奠定稳定沟通的情绪基础。

在正式的家庭会议开始之前，家庭成员之间互相表达感谢，可以使接下来的会议更顺畅，大家也更容易带着一颗平和、感恩的心参与会议。在表达感谢环节，每位家庭成员都要向参会的其他成员挨个表达感谢。

可以使用这个句式“我想要感谢 ××× （家庭成员的称呼），因为 ×××× （做的某件事）”，这样的表达有助于大家关注到别人做了什么具体的事情，而不是其他原因。

感谢家人的主要内容有：所做的具体的事，对其他人的帮助，任何让人感觉好的事情等。

例如，妈妈可以说："我要感谢爸爸，因为尽管他工作一天非常辛苦，但晚上还是给我们全家做了非常可口的饭菜，看到爸爸在厨房忙碌的身影，我特别感谢你；我要感谢孩子，因为你最近连续两天吃完晚饭主动帮忙收拾了碗筷，妈妈很感谢你。"

这里提出的理由部分要尽量是具体的行为或者事件，教孩子举例说明他感谢别人的原因是什么，真诚地对此表示感谢。看见别人的付出，并且在家庭会议这个公开场合表达出来，会瞬间拉近彼此的心灵距离。

2. 讨论议题

讨论议题是家庭会议中的主体部分，大家共同开始解决问题。

作为父母要注意陈述看到的事实，不要带情绪，更不要指责埋怨。当孩子感觉到他们可以不受任何评判地讨论问题，就会更加愿意把事情提出来，并且参与讨论。同时，尽量使用问句的形式，让孩子自己说出问题，父母越少表露自己的看法，孩子就能越多地进行自我思考。

例如，爸爸可以这样说："爸爸看到你晚饭后可开心了，上了一天学，终于可以回来玩你喜欢的乐高了。结果，一不留神，玩到了晚上10点钟还没有洗漱睡觉。那么，晚睡觉会给我们带来什么影响和后果呢?”

这时，孩子就会说出他能想到的一些后果。例如，孩子会说，没有时间和爸爸一起读绘本，晚睡的话第二天早上会很困，上课容易注意力不集中等。

作为父母，还要注意一点，找到孩子每个行为背后的积极意义。虽然这个行为可能是错误的，是今天家庭会议中需要讨论的问题，但能够找到这个行为背后的积极意义却是非常重要的，这能让孩子觉得受到了认可，并且觉得自己是有价值的，这是孩子有可能改变行为的先决条件。例如，一直玩乐高而耽误睡觉时间，孩子这个行为背后的积极意义可能是，他希望专注地把乐高拼完整。

3. 解决难题

跟孩子一起讨论，专注于提出问题的解决方案，达成共识。

当我们专注于解决问题时，孩子也会学着父母去解决问题。《正面管教》一书中提到，解决问题的主旨是关注问题是什么，以及解决问题的办法是什么。当大人肯花时间训练孩子，并且放手给孩子充分的机会施展他们解决问题的技能时，孩子就会成为出色的解决问题的能手，并且能想出很多有创意、有助于解决问题的方案来。

我们要做的是帮助孩子解决问题，而不是通过惩罚的方式让孩子付出代价。解决问题的办法要满足四个条件，即相关的、尊重的、合理的、有帮助的。

和孩子一起做头脑风暴，和孩子讨论时，尽量用提问的方式，让孩子说出心里的想法。而且当孩子说出自己的想法或者建议时，不要对某个想法做出评判，都先一一记录。例如，父母可以问孩子：“你觉得有什么方法可以让你既能玩乐高，又可以早睡觉？”

如果孩子没有具体的想法，父母可以给出建议，但要注意，需要转换立场，换位思考，借用孩子的身份来进行阐述。例如，父母可以说“假如我是你，我会先去洗澡，洗完了就可以安心地在房间玩乐高，到了时间直接睡觉”。

父母帮助孩子说出有可能的选择，或者换成孩子的语气和孩子沟通，这样孩子更容易接受和参与进来。

4. **达成一致**

父母和孩子双方在行动与目标上要达成一致。

通过跟孩子一起讨论，已经初步达成了共识。这时候，本次会议的记录员要把大家讨论得出的可行性方案一一记录下来。等全部发言完毕，再重新回看所有的建议。

首先，肯定孩子提出的方案。父母可以和孩子说：“你看，解决一个问题，我们可以想出这么多的解决方案。这一条是你提出来的，我觉得非常有创意，也很有想法。那你觉得我们提的建议里哪条比较好呢？”

其次，去掉那些不符合解决问题四条件的办法，去掉不可行的办法。

最后，父母和孩子一起总结整理，把大家都认可的记录下来，就成了一份具体的可执行的清单了。

如果全家人无法达成一致，就要把这部分议题放到下一次家庭会议中再讨论，有可能下一次会议就会达成一致，因为这中间又多出一段时间可以再次冷静思考，或许会有好的解决方案。

（三）会后

家庭会议的最后一个环节是欢乐时光，可以以一个全家人都喜欢的活动结束。例如，一起玩一个游戏、吃甜品等。

五、注意事项

在召开家庭会议时，以下几点需要注意。

1. 做好准备

首先确定支持的基调，告诉孩子，讨论这些问题也许很难，但是要共同努力，进而使问题的解决变得更加顺利，为此，要尽可能想清楚哪些方面需要得到改进。另外，还要告诉孩子，你真的想了解他在学校和家里觉得哪些事情难以做好，也让他知道，你想努力帮助他。

2. 保持简短

家庭会议全程 25 分钟左右比较合适。

3. 切忌评判

当和孩子谈论他在某些方面存在问题时，要以一种客观的、注重事实的方式来谈。另外，还可以使用“小魔怪”的模式。我们要让孩子明白，目前存在的问题不是孩子的错，不是孩子这个人有问题，只是有些技能孩子还没有学会。

4. 给予支持

在家庭会议中，在谈到孩子的问题时，要特别注意观察孩子的面部表情和身体语言。例如，他看起来是不是非常难过或者非常生气；他是不是把自己的双手交叉抱在胸前，摆出一副防御姿态；又或者他坐立不安，总是逃避你的目光等。如果发现孩子有这些行为和表现，就要优先询问孩子的感受了，同时表扬孩子，肯定他愿意参加家庭会议，并且跟他说，对任何人来说，谈论自己不容易做到的事情都很难。

5. 巩固成功

前面一切都进行得很顺利，最后别忘了欢乐时光，让家庭会议在欢乐中结束，唤起孩子对下一次会议的期待。

六、习惯养成

如何帮助孩子养成通过家庭会议解决问题的习惯呢？

1. 固定会议频率

如果准备召开家庭会议，那么最好确定频率，比如每两周召开一次，让孩子感受到稳定和确定，有助于养成习惯。

2. 储备空白模板

把家庭会议清单模板多打印几份留存，每次家庭会议召开前确保都有空白模板可以使用。

3. 不时重温回忆

留存之前所有家庭会议的记录，每隔一段时间，可以和孩子一起回顾已经开过的家庭会议，回忆下曾经一起面对过什么问题，重温当时提出了哪些解决方案，后期是如何执行的，最后再说说结果如何，是否解决了问题。当孩子看到很多问题都是通过家庭会议的方式解决的，他会更愿意参加家庭会议。

七、如何奖励

对应到我们的积分表中，当父母和孩子一起召开家庭会议时，可以在积分表中记录项目“家庭会议”。

✓ 孩子参加一次家庭会议。

每成功完成一个小目标，就可以在家庭观察记录表上记上 20 个积分。

·小结·

本节主要介绍了如何让孩子通过家庭会议的方式学会解决问题。家庭会议的方式可以有效解决孩子缺少解决问题的方法、父母代办，以及父母和孩子有情绪等问题。

经过一段时间的练习，相信孩子能够在家庭会议中掌握解决问题的方法。这个过程不仅提高了孩子的反思力、执行力、灵活力，而且更好地锻炼了孩子的条理性思维。

第五章

孩子有条理，作业真轻松

一提到孩子的作业，很多父母就头疼。坊间有句话："不写作业母慈子孝，一写作业鸡飞狗跳。"那种无序的状态牵扯了父母非常多的精力，也让孩子倍感压力。

本章我们将从孩子作业的记录、作业的时间管理、学习用品的整理，以及长时作业的规划四个方面来展开，介绍有效的方法来让孩子的作业变得整洁有条理，帮助孩子提高专注力、时间力、计划力及执行力。

第一节　记录作业内容

孩子有条理地记录作业实际上是在对抗“忘记”。如何引导孩子有效地记录作业来对抗“忘记小魔怪”，帮助孩子提高专注力和执行力呢？下面我们具体分析。

一、孩子在作业记录中存在的问题

我们先来看一个案例。

接浩浩回家的路上，妈妈问他今天老师布置的作业多不多。浩浩想了想说，我也不知道，数学发了一张卷子，应该要做的，英语老师好像没有布置作业，其他没有了吧。浩浩妈妈看了一眼儿子，有点无语。现在的浩浩已经四年级了，对做作业还处于一种迷糊的状态，他不知道每天要做什么作业。在浩浩一二年级的时候，妈妈总是想“长大一点就好了吧”，可事实上，上了四年级，浩浩“忘记作业”的情况还是没有改善。

上了四年级，老师已经不会把作业发到班级 QQ 群了，她只能每天厚着脸皮去问浩浩同班同学的家长。浩浩妈妈也跟浩浩说过，让他认真地把作业记录下来，可是他要么忘记了，要么把作业记错、记漏。例如，英语词组抄写两遍，他就写一遍。一张数学试卷，老师要求只写正面，他把整张试卷全写了，然后一边写一边抱怨“作业多得不得了”，很让人头疼。有时候，浩浩也想认真地把老师布置的作业记录下来。可是，总有一个“忘记小魔怪”在他耳边说：“不要记了，这点东西你还不记得？算了吧！”

在记录作业方面，浩浩确实是一个典型的例子。在此案例中，我们可以看到以下问题。

1. 不记录

老师上完课布置作业，孩子没有及时记录下来，抱着侥幸的心理，“就这一点东西，我一定会记得”。事实上，到放学的时候，或者隔了一段时间，孩子就可能出现记错、记漏的情况。

2. 记录错误

在记作业的时候，孩子如果处于心不在焉的状态，或者跟旁边的同学一边聊天一边记，常常会出现作业记录错误的情况。例如，英语抄写词组是“2+2”，也就是英文两遍，中文两遍，孩子却记成了“2+1”。

3. 记录潦草

有时候孩子可能急着回家而草草地记录了作业，然后回家一看，自己都不知道写的什么。

4. 记录不完整

作业记录不完整的情况是很常见的，在很多孩子眼里，需要书写的作业才叫作业，像背诵、预习、课外阅读等，就被自动忽略了。

二、为什么要有条理地记录作业

有条理地记录作业，是帮助孩子做到条理清晰的重要一步。下面我们具体分析一下孩子有条理地记录作业有哪些好处，以及可以帮助孩子养成哪些好习惯。

1. 自我负责

现在是网络发达的时代，很多时候，特别是低年级孩子的作业，老师都会通过 QQ 等相关网络工具及时发送给父母，这确实比较方便。但是，越是这样，我们越要让孩子自己把作业记清楚，而不依赖于网络。如果孩子一开始就没有养成良好的作业记录习惯，那么上了高年级没了 QQ 群提醒，孩子的学习肯定会受到影响。

2. 专心听讲

记录作业本身也是考核孩子是否专心听讲的一个标准。而且，在许多学校中，老师在网上发布的作业并不是作业的所有内容。如果只是依靠父母看了老师的消息，再来告诉孩子今天需要完成什么作业，很有可能遗漏。更重要的是，孩子会认为记作业是父母的事，却忘记了记录作业本身就是学习的一部分，是自己的责任。

3. 明确目标

及时、完整、准确地记录老师布置的作业，回家后孩子就能很明确地知道自己要做什么，再配合下面我们要讲的作业时间管理技巧，就能让孩子在做作业这件事上事半功倍。

4. 事后检查

记录作业是让孩子养成自我检查习惯的重要前提。作业完成后，孩子可以对照记录表进行检查。

✓ 检查自己是否真正全部完成。

✓ 检查作业内容是否准确。

✓ 检查自己的学具是否整理完毕。

整个过程都是在培养孩子的条理性。

我经常跟儿子讲："自己的作业自己管理，如果遇到自己实在不会的题，先放下去攻克其他的。最后检查完毕后，依旧不会的就空着，我和你一起研究；如果都是自己会的，那就没有理由做错，所以更要认真做题。"

下面我将介绍如何记录每日作业和长时作业，并运用其中介绍的两个工具，全方位帮助孩子养成作业记录的好习惯。

三、如何记录每日作业

使用工具——每日作业记录表。

每日作业记录表（见表 5-1）就像一个收集篮，可以把孩子一天的所有作业及相关的内容，全部填在这个表里面，一目了然。

表5-1　每日作业记录表

日期：__________

科　目	每日作业	长时作业	当天带回家物品	次日带到学校物品
语文	①作业内容； ②作业内容； ③作业内容 是否完成？□	①内容＋截止时间； ②内容＋截止时间； ③内容＋截止时间	□课本 □笔记本 □练习册 □作业本 其他：______	□课本 □笔记本 □练习册 □作业本 其他：______
数学	①作业内容； ②作业内容； ③作业内容 是否完成？□	①内容＋截止时间； ②内容＋截止时间； ③内容＋截止时间	□课本 □笔记本 □练习册 □作业本 其他：______	□课本 □笔记本 □练习册 □作业本 其他：______
英语	①作业内容； ②作业内容； ③作业内容 是否完成？□	①内容＋截止时间； ②内容＋截止时间； ③内容＋截止时间	□课本 □笔记本 □练习册 □作业本 其他：______	□课本 □笔记本 □练习册 □作业本 其他：______
其他备注：				

当老师提到布置作业，孩子就立刻拿出这张表，把这个科目老师布置的作业写下来，分别记下每日作业和长时作业。放学回家前，思考和检查要带回家的与作业对应的书本和文具。回到家以后，对照这个表安排自己当天的作业，接下来一项项完成作业。作业完成后，或者当天晚上睡觉之前，把第二天要带到学校的

物品准备好。

1. 使用方法

不管在什么情况下，只要老师布置家庭作业，孩子就应当把每日作业记录表拿出来。

第一步：孩子应当仔细听，确定作业是当天作业还是长时作业。当天作业是指第二天要交的，长时作业一般两天后或更晚才交。

第二步：当天作业，详尽记录在每日作业记录表中“每日作业”一列。

第三步：长时作业，详尽记录在每日作业记录表中“长时作业”一列，并附带截止日期。

第四步：预估每项作业需要多长时间完成，尽量在预估时间范围内完成各项作业。关于作业时间的预估练习，可以运用秒表工具来提高孩子对时间的感知力。

2. 注意事项

为了让每日作业记录表发挥更大的作用，需要注意以下三点。

（1）检查清单

①把作业记录下来，并且列举所有重要的细节。例如，作文《×××的一天》，字数500字。

②检查与作业相关的学习用品和资料清单。

③在相应的地方，记录当晚的作业和新布置的长时作业。

（2）当天没有作业的记录方法

①标记“无”或 ×（包括当天作业、长时作业）。如果某个方框是空白的，就不清楚是老师没布置作业，还是孩子忘了记录。

②养成良好的习惯，不论哪门功课，每次老师布置作业，都把表格拿出来记录作业。

（3）孩子不想使用每日作业记录表，怎么办

①和孩子协商，告知准确详细记录作业的意义。

②为孩子准备好模板，刚开始时协助孩子一起完成。

③把现有的记录本改造为每日作业记录表。

④刚开始不要怕犯错，给孩子练习的时间。

3. 习惯养成

在此过程中，父母可以跟孩子一起通过角色扮演的游戏，帮助孩子真正使用每日作业记录表来记录作业。

父母可以扮演老师，模拟老师在课堂上布置作业的场景（在黑板上写出来、口头布置、发在网上等），让孩子按照规范记录作业。练习一段时间掌握基本方法后，再给孩子逐渐增加难度和挑战。例如，既布置当晚的作业，又安排长时作业。又例如，假装下课铃即将打响，催促孩子快点记录。布置了“每天”的作业后，家长务必要检查孩子记录的情况。

现在，我们可以看一下，浩浩按照上面的方法做的每日作业记录（见表5-2）。

表5-2　浩浩的每日作业记录表

日期：5月19日

科　目	每日作业	长时作业	当天带回家物品	次日带到学校物品
语文	①《黄继光》词组两遍； ②大练《黄继光》完成 是否完成？☐	“六一”儿童节手抄报+5月24日交	☑课本 ☑笔记本 ☑练习册 ☑作业本 其他：无	☑课本 ☑笔记本 ☑练习册 ☑作业本 其他：无
数学	①大练P85； ②小练“认识三角形” 是否完成？☐	无	☑课本 ☑笔记本 ☑练习册 ☑作业本 其他：无	☑课本 ☑笔记本 ☑练习册 ☑作业本 其他：无
英语	①大练第六单元； ②订正试卷 是否完成？☐	无	☑课本 ☑笔记本 ☑练习册 ☑作业本 其他：无	☑课本 ☑笔记本 ☑练习册 ☑作业本 其他：无
其他备注：无				

这份作业记录表清晰地记录了每一科目的作业，并且区别了当天需要完成的作业和长时作业。

4. 如何奖励

最好每天下午或晚上留出一些时间来了解孩子在家庭观察记录表上挣了多少积分，并给予表扬。对于孩子作业记录表的完成情况，我们可以从下面几项来进行评估。

✓ 把每日作业记录表从学校带回家。

✓ 准确完整地填写好每日作业记录表。可以通过和其他家长核对，以及关注老师QQ群留的作业，监测孩子是否正确地记录了作业内容。

✓ 记录了作业中的每一个细节。

✓ 主动规划作业的开始时间和结束时间。

每成功完成一项，就可以在家庭观察记录表上记上20个积分。

四、如何记录长时作业

使用工具——长时作业日历表。

对于每日作业记录表里的长时作业或其他需要完成的任务，可以转移到长时作业日历表中（见表5-3）。

表5-3　长时作业日历表

月份：____

周　日	周　一	周　二	周　三	周　四	周　五	周　六

长时作业日历表可以帮助孩子做好长时作业任务规划，将考试、比赛等需要长时间努力才能完成的任务拆解成一个个小任务，进而能有条理、有规划地完成最终目标。

1. 使用方法

第一步：查阅每日作业记录表中的长时作业规定完成的截止日期是哪一天，这一步务必要明确。

第二步：从截止日期往前倒推，留出足够的时间，将作业拆分到每一天。例如，课外吉他班要求一周三次视频打卡，今天是周一，周日上课，那么可以规划为隔一天打一次卡，即周一、周三、周五练习。

第三步：需要采取什么步骤，并预计每个步骤所花的时间。

如果任务并不复杂，拆分到每一天的任务就可以作为一个步骤来完成。例如，第二步中提到的周一、周三、周五的吉他练习。

如果任务复杂，那么还需要对每一天的任务进行具体规划（具体可以看本章第四节内容）。

第四步：查看每个学习步骤需要准备什么学习用品和资料。

第五步：对照表格每天去完成和检查。

2. 注意事项

（1）每项长时作业的截止日期务必非常明确，这是作业规划的前提。

（2）拆分出来的每一个步骤务必明确详细，孩子看到就能对照行动。例如，不要出现5月3日完成语文作业的情况，而是写成

5 月 3 日完成语文大练习册 P110 的练习。

（3）任务规划安排的最后一个步骤尽量比截止日期提前一天完成，这样留出一天便于查漏补缺。例如，截止日期为 5 月 5 日，那么在进行作业规划的时候可以将完成日期定为 5 月 4 日，留出 5 月 5 日这一天进行检查（具体检查方法可以查看本章第四节内容）。

（4）如果孩子在刚开始使用这些表格的时候嫌麻烦，这很正常。但是为了养成习惯，需要刻意地进行练习。

3. 习惯养成

在此过程中，父母依然可以通过角色扮演游戏，帮助孩子练习掌握长时作业日历表这一规划作业的方法。

例如，父母扮演老师，给孩子布置一些新的任务，需要花费一段时间才能完成，如写周记、读完某本书等，一定注意明确截止日期。然后，父母可以在旁边指导孩子将作业进行拆分。

孩子一般不能马上掌握拆分作业的方法，父母需要带着孩子反复练习，手把手教孩子拆分出每一个详细的步骤，便于后期高效执行。

下面我们可以看一下，浩浩按照上面的方法，对假期阅读一本 350 页的《夏洛的网》及熟练弹奏吉他曲目《童年》这两项作业做的长时作业日历表（见表 5-4）。

表5-4　浩浩的长时作业日历表

月份：10月

周日	周一	周二	周三	周四	周五	周六
阅读《夏洛的网》50页	①阅读《夏洛的网》50页；②练琴《童年》第一段直到熟练	阅读《夏洛的网》50页	①阅读《夏洛的网》50页；②练琴《童年》第二段直到熟练	阅读《夏洛的网》50页	阅读《夏洛的网》50页	阅读《夏洛的网》50页

4. 如何奖励

完成了长时作业日历表，就可以拿出家庭观察记录表了，可以设置下列目标。

✓ 记录了长时作业的每一个细节，包括截止日期、作业要求。

✓ 完整填写了长时作业日历表。

✓ 对长时作业做了合理的拆分。

✓ 对于每项长时作业，拆分出来的步骤明确清晰。

✓ 对每一个步骤做了合理的完成时间的预估。

✓ 长时作业日历表中对作业预留了检查的时间。

每次可以任选其中的五个目标，每完成一个小目标即可获得20个积分。

·小结·

本节主要介绍了如何记录每天的作业和长时作业。其中，使用了每日作业记录表和长时作业日历表，帮助孩子开启了作业条理性的第一步。

经过一段时间的练习，相信孩子可以使用每日作业记录表来帮助自己准确记录每科的作业，也可以熟练使用长时作业日历表完成老师要求的任务，再也没有出现不记得作业，以及记错记漏的情况。在这个过程中，孩子不仅计划力和专注力得到了提升，而且体验到了满满的自我效能感。

第二节　作业的时间管理

孩子的作业时间管理是很多父母的痛，帮助孩子做作业时间管理，就是在帮助孩子对战“时间小魔怪”，培养孩子的时间力和专注力。

一、孩子在作业时间管理中存在的问题

我们先来看一个案例。

小泽今年四年级，在老师和父母的眼里是个问题学生。尤其表现在课堂的听课以及作业的完成情况方面。语文、数学、英语每门

课上完，老师都会布置当天相应的作业。由于小泽在课堂上经常处于分神、拖拉的状态，课堂笔记也不能完全记下来，课堂作业完不成，老师布置的课后作业，他又不能及时地记录下来，所以他每天的家庭作业都会有不同程度的遗漏。第二天到学校后，三门课的任课老师会选择课间，把小泽带到办公室去补作业。这让小泽非常沮丧，写作业的积极性也不高。老师布置的作业，其他同学都是利用课间或者午间完成，但是小泽还在忙于补前一天的作业和课堂作业。

每天放学回家，刚进入自己的房间，“时间小魔怪”就从小泽的书包里跳了出来，看着小泽从书包里拿作业，说：“才刚刚放学，一天的学习好累啊！嗨，小泽，你可以晚点做家庭作业，你看看周围，有好多比作业更有趣的事情，来玩呀！”于是，小泽慢悠悠地做着作业，还不时地玩会儿旁边的小玩意儿，就这样，他每天基本都要十一二点才能完成书写部分，背诵和自主复习的作业基本都没时间完成。因为每天睡得晚，导致第二天在课堂上总是浑浑噩噩的状态，慢慢地，小泽越来越讨厌上学了。小泽的父母非常着急，不知道怎么办才好。

从案例中可以看到，小泽缺乏时间力和专注力，这让小泽在完成新作业和补旧作业中恶性循环，也让他对学习失去了信心。

像小泽这样的孩子，现实中有很多，他们的问题主要体现在以下三方面。

1. 缺乏时间观念

很多6—12岁孩子在作业时间管理的过程中，存在比较严重的时间认知问题。例如，你问孩子，这个生字抄写需要几分钟？他会信心满满地跟你保证10分钟就搞定。你忙了一圈家务，30分钟后回去看他，他只写了三行。你可能会一脸怒意地问他："为什么你30分钟才写了这么点?"孩子可能还会很无辜地反问你："这么快10分钟就过去啦?"所以，父母要帮助孩子做好作业的时间管理，首先要做的就是帮助孩子培养时间观念，认识时间，练习预估时间。

2. 不会安排作业时间

作业堵塞，不会分解。作业一多就不知道怎么办了，不能有序地安排作业，先做什么后做什么，陷入思维混乱。小泽就属于这一类孩子，面对多项作业他会选择困难，在来回无效的选择中浪费时间。前松后紧，没有先做重要事情的观念。

3. 写作业时容易分神

有些孩子放学一回家就开始写作业，但是写一会儿，就摸下旁边的玩具，再写一会儿，又出来吃点东西，或者去上个厕所，慢吞吞地走回书桌前，作业不多，却会磨磨蹭蹭地写上好几个小时。这样虽然在写作业，中间但效率是极低的。

二、为什么会有这些问题

下面我们具体分析一下上述三个问题的原因。

1. 为什么缺乏时间观念

尽管我们在家庭教育以及学校教育中都会帮助孩子去认识时间，但是，很多孩子并没有机会去直观地认识时间的长短，所以在实际生活中，孩子预估时间时就会出现各种问题。

2. 为什么不会安排作业时间

三年级以后，孩子的作业量增多，各科均有不同量的作业。面对堆杂在一起的作业，孩子缺乏计划力、灵活力，不能有效地对各项作业进行调整，机械地执行作业。例如，老师布置的作业有背诵的，也有抄写的。对孩子来说，可能背诵有点难，30 分钟内他背不下来，但他不会灵活处理，认为只有完成背诵作业后，才可以开启下一项作业，白白浪费了很多时间。

3. 为什么写作业时容易分神

写作业时分神的原因是多样的，具体如下。

（1）来自周围环境的影响或者家人在家中活动的干扰。

（2）写作业时遇到了困难，无法独立解决。

（3）孩子发展水平的限制。

（4）专注力不足。孩子的专注力跟孩子所处的年龄段存在很大的关系。一般来说，孩子集中注意力的时间随着年龄的增长而有所改善。4—5 岁的孩子一般能达到 10 分钟左右；小学低年级的孩子一般可以集中注意力 20 分钟左右；10—12 岁的孩子为 25 分钟，12 岁以上则可以达到 30 分钟。

（5）注意力缺失。注意力一般分为无意注意和有意注意。无意注意一般来自外部有较强刺激的事项，是一种被动注意。例如，看电视，外面突如其来的声响。有意注意是指需要调用自己的意志力，带着目的，是一种主动的注意，但属于低刺激。例如，上课听课，自己读书。对孩子来说，一般情况下，有意注意力会相对弱一些。

下面我们具体看看如何帮助孩子进行作业时间管理。

三、如何提高孩子作业时间预估能力

使用工具：秒表练习。

秒表练习可以帮助孩子直观认识和预估时间。很多父母都有这样的体验，孩子总是觉得时间不够用或者时间太长了，主要原因就是不会估计时间。父母可以和孩子玩游戏，直观感受秒的时间长短。例如，父母可以告诉孩子："我们一起眨一次眼睛，闭上再睁开大约是1秒。眼睛眨60下就是60秒，也就是1分钟。"

1. 使用方法

我们以四年级的孩子完成表格事项为例来做方法介绍。

第一步：制作表格。

父母可以和孩子一起准备一张A4纸，一把直尺，在白纸上绘制表格（见表5-5），并且按自己的直觉填写每一个事项的预估时间。建议亲子手动绘制表格，填写事项。

表5-5　秒表练习——时间预估表格

事　项	预估时间	实际使用时间	估计误差时间
翻一页书	1 秒		
拍球 10 下	10 秒		
把 5 本书放到固定位置	60 秒		
读一页故事书	5 分钟		

第二步：准备好计时器，按照表格执行各个事项。

第三步：每做完一项，填写实际使用时间。看一下预估的时间和实际使用时间相差多少，见表 5-6。

表5-6　秒表练习——时间预估对比表

事　项	预估时间	实际使用时间	估计误差时间
翻一页书	1 秒	1 秒	0 秒
拍球 10 下	10 秒	8 秒	2 秒
把 5 本书放到固定位置	60 秒	10 秒	50 秒
读一页故事书	5 分钟	2 分钟 20 秒	2 分钟 40 秒

第四步：父母和孩子可以分别为对方提供一个事项，在表格中继续填写预估时间和实际使用时间，查看预估时间和实际使用时间的差距。反复练习，以达到预估时间和实际使用时间较为接近。

2. 注意事项

用秒表练习提高孩子对时间的预估能力，需要注意以下几点。

（1）正确填写

分和秒都要填，不足一分钟只填秒。

（2）注重感受

在儿童认识时间的过程中，务必要注重孩子的直观感受。即便在练习的后期也能较好地感受时间的流逝，能感受一段时间大约的长度。特别要注意的是，在选择时钟时，尽量选择指针型的时钟，有时针、分针、秒针，且每一个大格，每一个小格都能详细显示。这样选择的好处是可以让孩子清楚地看到时间一分一秒流逝的过程。

（3）灵活调整

父母要着重关注孩子估计误差时间较大的部分或者抱怨耗时间的那些活动。例如，每天你想让孩子练字 30 分钟，他常常会抱怨时间太长，练习可能也起不到效果。那你可以跟孩子协商，问问他愿意坚持练习多长时间。如果孩子说是 20 分钟，就可以协商调整。

3. 习惯养成

将孩子每次进行时间估算的记录内容绘制成表格汇总保存，下次孩子做类似的事项时可以参照时间预估作业完成的时间。另外，在平时的生活和学习中，孩子也可以不断练习估算时间并记录实际使用时间。练习直观感受时间，可以使得估算时间和实际使用时间尽可能地接近，提高孩子的时间力。例如，选择一项作业，以完成一张数学试卷为例，按照常规的速度，完成需要多长时间，记录下来；抄写一个课时的英语单词，需要多长时间，记录下来；早上上学时估算从家出发到学校的时间，条件如果允许的话，可以对不同交通方式（开车、骑自行车、步行等）下需要的时间进行估算。

4. 如何奖励

为了鼓励孩子坚持用秒表来做练习，来提高孩子对时间的感知力，可以在家庭观察记录表上记上以下目标。

✓ 每天用秒表做时间预估练习。

✓ 对作业中的每个步骤预估所用时间。

练习完成后，对实际用时和预估时间进行对比，差距较大的情况主动寻找原因。

每成功完成一个目标，就可以在家庭观察记录表上记上 20 个积分。

四、如何安排孩子作业时间

使用工具：便签时间法。

传统的作业安排一般是表格的样式（见表 5–7），密密麻麻的文字信息堆在一起，孩子接受度比较低，而且不能进行分类，体现不出每一个事项的重要性，更无法按照现实需要灵活调整。便签时间法可以很好地解决这些问题。

表5–7　传统的作业时间安排表

时　间	事　项
19:00—19:30	L3 英语抄写
19:30—20:30	数学试卷

续上表

时　间	事　项
20:30—21:00	自主阅读
21:00—21:30	课文预习
21:30—22:00	听故事洗漱睡觉

下面就来介绍便签时间法的使用方法以及注意事项。

1. 使用方法

（1）盘点家庭作业

让孩子自己制作家庭作业计划，父母可以核对孩子的作业内容和老师发到家长群的作业之间有无偏差或遗漏。

（2）协商长时作业

除了学校布置的每日必须完成的作业，还有一些分解到每一天的长时作业，比如背古诗、练字等，或者兴趣班要求在平时做的练习，比如吉他指法练习等。这些都需要和孩子协商进行作业安排（长时作业安排的具体方法可以查看本章第四节内容。）

（3）使用便利贴

使用便利贴而不是直接填写，便于孩子调整各项任务的顺序。便利贴需要选择不同的颜色。例如，黄色的用于记录孩子今日必须要完成的作业事项，蓝色的可以用来记录长时作业或者家长安排今日要完成的作业，红色的用来记录孩子自主安排的事项。不同的颜色可以帮助孩子对任务事项进行快速分类，分出轻重缓急。每个任务安排一般是30分钟，可以放置一个闹钟在旁边，告诉孩子：当分针从 12 转向 6 时，我们需要完成这项作业，这样可以让孩子有紧迫感。

（4）安排作业顺序

作业的顺序可以由孩子自主安排。

我们现在来看本节开始案例中的小泽是如何安排作业的。

“双减”后学校有“晚辅”，一般爸爸接小泽到家就已经 18：30 了，吃了晚饭，小泽马上坐到了书桌边。小泽没有像往常那样随便抓一个作业就写，他拿起便签时间法的模板开始安排作业，如图 5-1 所示。

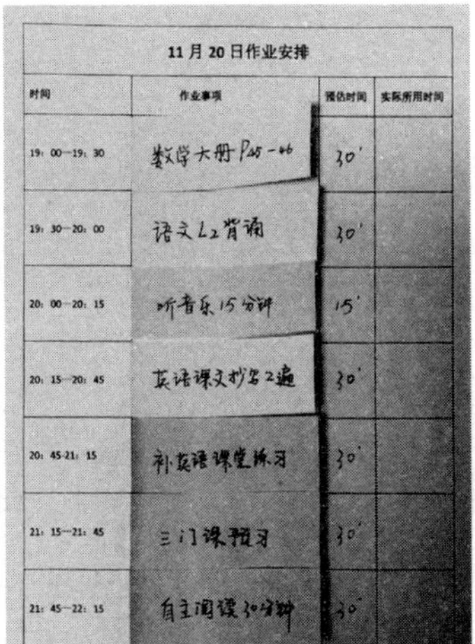

图 5-1　利用便签时间法安排作业

第一步：核对所有作业事项。小泽把自己记录的家庭作业和班级群里的作业核对了一下，确定没有遗漏。

第二步：添加额外作业。今天英语的课堂作业没有完成，老师让他带回来补上。还有这个月老师布置了要看完《狼王梦》，今天已经20号了，可以加一项自主阅读30分钟。

第三步：分颜色填写便利贴。按照不同的事项，小泽选择了红黄蓝三种颜色的便利贴安排作业。黄色便签纸代表今天必须要完成的家庭作业——数学大册P45—P46，语文L20课文背诵，英语课文抄写两遍。蓝色便签纸代表额外补充的作业——英语课堂练习，三科的自主预习。红色便签纸代表自主安排的事项——听音乐15分钟。

第四步：按照自己的想法对作业顺序做安排。完成作业安排，小泽开始写作业啦。

2. 注意事项

（1）长时作业或者家长额外布置的作业必要和孩子做好协商，提高孩子的配合度。

（2）家长不用过多干涉孩子先做哪一项作业，由孩子自主安排作业顺序。

（3）安排作业的时候，允许孩子加入自主安排事项，比如搭建积木30分钟等，提高孩子完成任务的积极性，但是一定要跟孩子强调“重要的事情先做”的原则。

（4）对高年级的孩子，有些作业30分钟内完成不了，这样可以选择几个时间段来完成，中间允许孩子休息。对于相对简单的事项，可能孩子不足30分钟就完成了，多余的时间允许孩子自己安排。

（5）孩子在写作业的时候，父母可以安静地陪在旁边，忙自己的事情或者拿本书阅读，但是不要查看手机，也不要做孩子的监工。

（6）作业完成后可以和孩子一起复盘，看一下作业的完成情况，以及作业计划中有哪些需要修改，便于下次能够做出更加符合实际的计划。

3. 习惯养成

便签时间法不仅可以用于周一到周五的作业安排，也可以用在周末或者寒暑假的作业安排中。在进行周末作业安排的时候，表格上可以安排的是全天的时间。安排的时候，可以将孩子自主安排的事项增加进来。由于周末的事项比较多，我们可以用简化版的表格，只保留时间和作业事项，如图 5–2 所示。

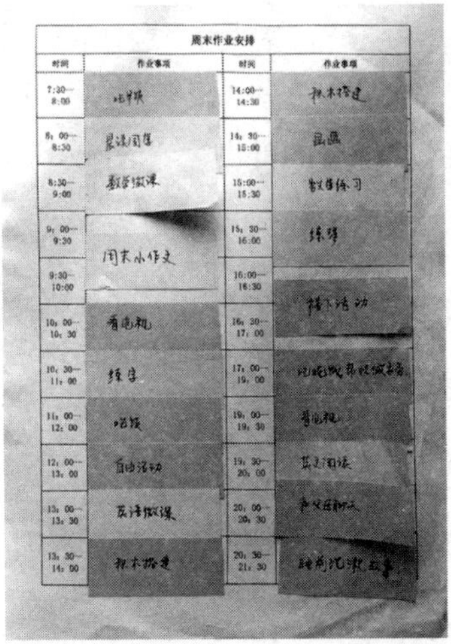

图 5–2 简化版便签时间法的使用

4. 如何奖励

为了鼓励孩子用作业便签工具练习并养成习惯，不断提高孩子的计划力，可以在家庭观察记录表上记上以下目标。

✓ 盘点了所有的每日作业和分配到当天的长时作业。

✓ 按照规则填写便利贴。

✓ 能对作业进行合理分类。

✓ 能按照已安排好的作业顺序依次完成。

✓ 能做到做完作业再玩。

每成功完成一个小目标，就可以在家庭观察记录表上记上 20 个积分。

五、如何避免孩子写作业时分神

使用工具：番茄钟。

番茄钟是一款比较简单的计时器。有效利用番茄钟，可以帮助孩子在阶段时间内调动全部的脑力沉浸在当前的工作中。

下面我们就来介绍如何利用番茄钟来帮助孩子提高专注力，避免频繁出现写作业时分神的状况。

1. 准备工作

在开始使用番茄钟之前，需要做好环境、物品、知识、目标等准备，对孩子来说，这是发挥番茄钟作用的前提。

（1）环境准备

与成人相比，孩子更容易接收到周围环境中的声音，从而在写作业的过程中分神。例如，父母时不时进去问他是不是饿了，是不是渴了，或者在他旁边来来回回地走动。

孩子写作业的时候，父母首先需要为他准备一个简单的环境，可以选择一个安静的房间。例如，书房或者孩子自己的房间，不建议选在客厅，避免孩子因为外界的干扰因素而分神。然后，父母可以环顾孩子的学习空间，把不必要的、可能会给孩子造成分神的物品（见表5–8），比如孩子最近喜欢的一个手伴、搭建了一半的乐高积木等，都收起来。接着，父母要引导孩子清理自己的桌面，只留下作业列表中的作业及所需要的学习用品。一个整洁有序的桌面，不仅可以为孩子做作业腾出空间，帮助孩子快速进入作业状态，还能让孩子更集中注意力，安静地写作业，在一定程度上还可以缓解孩子的紧张情绪。

表5-8　干扰物品清单

序　号	物　品
1	玩具
2	手持游戏机
3	手机
4	各种故事书

（2）物品准备

孩子写作业之前务必备齐需要的各种学习用品和资料（见表5–9），

避免因为寻找学习用品而打断学习。频繁地被打断，再想集中注意力去写作业的时候，就需要花费更多的时间。

表5-9　必备物品清单

序　号	物　品
1	铅笔 / 钢笔
2	橡皮
3	圆规
4	直尺
5	笔记本
6	草稿纸

（3）知识准备

很多孩子在父母眼里所谓的“磨磨蹭蹭”，有很大一部分原因是知识点不理解，题目不会做。所以，在孩子写作业之前，父母需要帮他扫清这一障碍，引导孩子把学校当天的课程内容先进行复习。父母可以通过适当地讲解，和孩子讨论，以及微课等形式帮助孩子理解吃透知识点。

例如，父母可以让孩子做老师，自己做学生，通过孩子讲解、父母提问的形式，帮助孩子进行课程内容的复习。

（4）目标准备

很多时候，孩子之所以分神还因为自己不知道现在该做哪一项作业，犹豫不决，选择困难。如果父母在孩子写作业之前引导孩子安排好所有的作业事项，参照便签作业时间管理方法规划好每一项作业，可以有效地帮助孩子解决作业目标选择问题。一旦孩子有了清晰的、具体的作业目标，他就会按照既定的作业安排，将各项作业进行到底，减少分神。

2. 使用方法

以上工作准备好以后，在写作业的过程中，我们使用番茄钟作为时间记录工具，同时使用番茄钟便于孩子进入深度学习状态。番茄钟的使用方法比较简单，我们以本节开始案例中的主人公四年级的小泽为例，来讲解番茄钟的使用方法。

第一步：按照便签时间法和作业预估时间填写好表格（见表 5-10）。小泽按照便签时间管理方法安排好每一项作业，并按照自己的意愿排序，做好时间预估。

表5-10　11月20日小泽的作业安排

时　间	作业事项	预估时间	实际使用时间
19:00—19:30	数学大册 P45—P46	30 分钟	
19:30—20:00	语文 L20 课文背诵	30 分钟	
20:00—20:15	听音乐	15 分钟	
20:15—20:45	英语课文抄写两遍	30 分钟	
20:45—21:15	补课堂作业	30 分钟	
21:15—21:45	三门课预习	30 分钟	
21:45—22:15	自主阅读	30 分钟	

第二步：拿出第一项作业，设置番茄钟，记下该项作业的开始时间。小泽的第一项作业是数学练习，预估时间是 30 分钟，他设置番茄钟倒计时为 30 分钟，现在正好是 19:00。

第三步：开始写作业，记录作业实际完成的时间。有了之前的知识点复习，小泽顺利完成了数学作业，时间显示是19:06，实际用时36分钟，虽然超过了6分钟，但是明显比训练之前好了很多。将实际用时填写到表格中的“实际使用时间”一栏，见表5–11。

表5-11　11月20日小泽的作业安排

时间	作业事项	预估时间	实际使用时间
19:00—19:30	数学大册P45—P46	30分钟	36分钟
19:30—20:00	语文L20课文背诵	15分钟	
20:00—20:15	听音乐	15分钟	
20:15—20:45	英语课文抄写两遍	30分钟	
20:45—21:15	补课堂作业	30分钟	
21:15—21:45	三门课预习	30分钟	
21:45—22:15	自主阅读	30分钟	

第四步：重新设置番茄钟，开启第二项作业……

3. 注意事项

（1）在整理好外在环境，并准备好物品，做好准备工作以后再写作业。

（2）在使用番茄钟之前，务必要解决的就是在设定时间之前要有一个非常明确的作业目标，且能预估大致完成这项任务的时间，并根据预估时间来设定单个番茄时间。如果一项作业需要的时间比较长，比如一套完整的试卷，则可以分成两个番茄钟来完成。

（3）根据孩子的作业量和年龄，设置番茄时间（不一定是

30 分钟）。例如，抄写今天的词语表，预估 20 分钟完成，则可设置番茄钟 20 分钟倒计时。设置的时间到了，5 分钟休息时间，允许孩子站起来，动一动走一走，然后开始下一个番茄钟。

（4）根据孩子的年龄，适当安排单个番茄时间，不能要求孩子 1—2 个小时全程专注，这是不可能的，也是孩子做不到的。此外，孩子出现饿了、渴了、上厕所等情况，都应该被允许。

4. 习惯养成

刚开始学习的时候，父母可以引导孩子整理环境、准备物品以及计时。两三次以后，可以适当放手让孩子自己去做，做得不完善的地方，可以适当地提醒孩子。

例如，孩子这一周数学学习《平行和相交》，会用到直尺、量角器。你可以询问孩子，我们在写作业之前还需要准备哪些学习用具。用提问的方式对孩子进行引导，做好写作业之前的准备，几次以后，孩子就可能引起注意了。

5. 如何奖励

运用番茄钟可以帮助孩子提高写作业时的专注力，避免写作业时分神，可以在家庭观察记录表记上以下目标。

✓ 做作业之前，主动清理书桌。

✓ 提前准备好所有的学习用品。

✓ 写作业之前，先复习当天所学内容。

✓ 能使用番茄钟管理作业时间。

每成功完成一项，就可以在家庭观察记录表上记上20个积分。

·小结·

本节主要介绍了如何通过秒表练习来提高孩子预估作业时间的能力，如何用便签时间法安排好孩子的作业时间，如何利用番茄钟帮助孩子高效完成作业并避免写作业时分神。这是孩子完成作业的非常重要的一环，做好作业时间管理，可以提高孩子的专注力、时间力和计划力。

经过一段时间的练习，相信孩子通过秒表练习可以准确估算时间，建立起良好的时间观念；通过便签时间法，能很好地安排自己的作业，再加上番茄钟的帮助，他们写作业的效率定会显著提高。

第三节　整理好学习用品，让学习效能翻倍

很多孩子在整理学习用品方面存在很多问题，需要用到某个学习用品的时候东寻西找，导致学习效率低下。下面我们将帮助孩子对战“乱丢小魔怪”，培养孩子的专注力和反思力。先来看一个案例。

早上 8:30，学校老师给小千妈妈打电话说，小千今天忘了带语文书，9:00 上语文课，需要马上把语文书送到学校。小千妈妈瞬间崩溃，这已经是这个月第三次了，不是忘了课本，就是忘了作业。小千妈妈马上赶回家，走进女儿卧室，书桌上堆了很多东西，乱糟糟的，小千妈妈找了一会儿，才在一堆纸下面找到了语文书。她叹了口气，匆匆往学校赶。幸好家离学校近，在 9 点的时候赶到了。小千妈妈有点筋疲力尽，她不知道怎么教小千学会整理书包，整理书桌。

而对于上三年级的小千而言，经常找东西、丢东西，很影响学习，她也很烦躁，但是她并不知道应该怎么收拾，东西才不会丢。有时候，她也想把东西整理好，可是一天不到又全乱了，所以索性就不整理了。现在，她每次放东西，耳边就会有个“乱丢小魔怪”对她说：“把这件东西随便放在哪里吧，你会记得它在哪里的。”

一、孩子在整理学习用品时存在的问题

在整理学习用品方面，孩子主要存在以下问题。

1. 弄丢学习用品

没有经过整理，孩子不知道自己到底有哪些用品，下一步学习需要准备什么，学习用品和资料应该放在哪里，是不是齐了等。孩子对这些完全没有概念，所以弄丢东西成了常态。

2. 学习效率低下

由于学习用品、学习资料，包括学习环境混乱，处于无序状态，所以孩子常常在寻找东西，很难集中注意力投入学习中，直接导致学习效率低下。

3. 反复杂乱

有时候，孩子会迫于压力对学习物品进行整理。其实也就是把它们塞到暂时看不见的地方或者暂时进行归拢。但是好景不长，随着孩子寻找学习资料，归拢的东西又回到了最初的样子，刚整理完又乱了。

二、有些孩子为什么不会整理学习用品

为什么有些孩子不会整理自己的学习用品，而有些孩子却可以做得很好呢？孩子不会整理可能有多种原因，具体如下。

1. 缺乏正确意识

父母本身缺乏正确的整理意识或进行了不当的干预。我们经常看到，父母一边抱怨孩子弄丢了学习用品，一边又忍不住帮助孩子收拾。这样做的弊端是，孩子无法真正参与整理的过程，同时他也会觉得整理这件事父母自然会干。

2. 整理方法不当

父母在整理孩子的东西时，只注重是否整洁，而不会考虑孩子是否取用方便。导致的结果就是，孩子找不到东西就开始乱翻乱找。例如一些家长总希望家里干净整洁，一闲下来就整理东西，最后家

里确实看着整洁多了，但是很多东西都找不到了，有时候甚至他们自己也忘记了把东西放在了哪里。

3. 孩子的天性

孩子的心态永远是：最好是留着。孩子愿意被喜欢的东西包围。例如，一些女孩喜欢颜色鲜艳的画笔、橡皮等，她们更愿意把这些东西放在显眼的地方，而非收纳起来。

4. 没有整理的概念

没有经过整理意识开发和整理技能指导的孩子，拿到东西的第一反应是“把东西塞进去”“先放着”，随手乱放，这样的情况很容易导致孩子把东西弄丢或者损坏。

5. 缺乏环境和工具

一些孩子即使有整理分类的意识，但是他所处的环境并不友好，孩子缺乏正确的收纳技巧和方法，不知道如何正确使用工具归类整理。

下面我们具体分析一下孩子每天接触的学习文件、书包以及书桌该如何进行整理。

三、如何整理学习文件

使用工具：风琴式文件袋。

风琴式文件袋，包括前片、后片，类似于手风琴，包含多个分区，用于存放不同类别的文件资料，如图 5-3 所示。

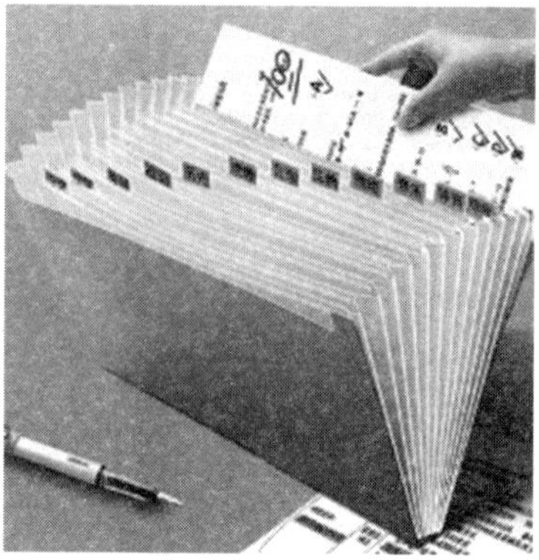

图 5-3　风琴式文件袋

1. 使用方法

第一步：根据孩子所处的年级，选择合适分区的文件袋。让孩子把每门功课的名字贴在分区标签上，标签尽量选择彩色的，这样便于区分，可以做到一目了然。

第二步：所有的学习文件，应当在刚刚拿到后就把它们放进对应标签的资料夹中。例如，英语课结束，老师发了一份课后习题，应及时放入英语对应的资料夹中。

第三步：只有在需要用到该学习文件的时候，才把它们从资料夹中取出来。

第四步：用完后，立即把学习文件放回相应标签的资料夹中。

2. 注意事项

（1）购买风琴式文件袋的时候，建议选择软性的，硬的容易坏，也容易割到孩子的手。

（2）使用多层文件夹的时候，务必要先分类，然后分区整理，这对孩子很有帮助。

（3）每个分区贴上不同颜色的标签，比如语文、数学、英语、科学等，一目了然。不同类别的资料应放在固定的分区内。

（4）除了功课外，建议预留一个分区，贴上标签“父母签字”，专门用来存放学校发给父母的通知、同意回执及需要父母引起重视的其他文件。

（5）孩子一开始使用的时候不一定能快速上手，需要父母提供指导，一边示范，一边耐心地教。随后让孩子自己做，父母在旁边看，关注孩子整理资料的情况。

（6）文件夹需要定时清理。文件夹的容量不是无限的，可以一个月清理一次。一些过期的学习资料需要及时清理出去。

3. 习惯养成

当然，对于孩子来说，把所有的学习资料分门别类地整理清楚并不是一蹴而就的事情。除了需要合适的工具外，也需要父母引导孩子一步步养成习惯。

（1）分门别类贴标签

风琴式文件袋确实是很好的整理文件的工具。父母可以陪着孩子把所有的学习文件按照科目分类，比如分成语文、数学、英语等，把每一份资料都铺平整，分门别类地放入文件袋中，并保持标签相对顺序不变，方便孩子在一段时间内能把相应的文件放到相对固定的位置，从而养成良好的习惯。

（2）由易到难树信心

风琴式文件夹一般包含很多分区。孩子一开始学习分类整理的时候，一般把科目分成语文、数学就可以了。随着孩子年龄的增长，可以引导孩子进行更加细化的分类，比如同一个科目还可以分成课堂笔记、练习卷等。分类由粗到细，难度逐步提升。

（3）耐心引导养习惯

要想孩子养成整理习惯，父母的耐心引导是必不可少的。在习惯养成的过程中，孩子可能出现有情绪的情况，此时父母可以通过家庭会议、积分等，引导帮助孩子顺利养成习惯。另外，父母也可以在日常生活中对身边的物品进行分类，比如对衣物、厨房用具等进行有条理的分类，身体力行，为孩子做好榜样。

4. 如何奖励

为了鼓励孩子坚持使用风琴式文件袋来提高自己的整理收纳文件的能力，可以在家庭观察记录表上设置“学习用品整理”这一大项，然后记上以下目标。

✓ 坚持使用风琴式文件袋整理文件。

✓ 在整理试卷、讲义时，能按照科目分类放置在不同的隔层。

✓ 保持学习资料整洁、平整。

✓ 拿出的学习文件能及时放回原位置。

每成功完成一项，就可以在家庭观察记录表上记上20个积分。

四、如何整理书桌

使用工具：立式储物盒。

书桌是孩子学习的地方，一个干净整洁、资料物件有序存放的书桌，有利于提高孩子的学习效率。我们可以利用储物盒帮助孩子整理书桌（如图 5-4 所示），达到存放有序的效果，培养孩子的比较分类能力和逻辑思考能力。

图 5-4　立式储物盒

1. 使用方法

第一步：认识书桌的空间。书桌的空间分为桌面、抽屉及桌子底下。

第二步：把所有东西拿出来进行分类。图书、学习用品、电子产品、各类笔记本、学习资料等分开放置。

第三步：清空桌面。可以保留番茄钟和一个简单的笔筒。

第四步：储物盒上贴上合适的标签。例如，贴上练习本、电子产品、学习资料等标签。

第五步：归类物品。把原本堆放在桌面上的物品在第二步分类的基础上放入合适的储物盒。

第六步：清空脚下的空间，不放任何杂物。

2. 注意事项

（1）在合适的时间收拾书桌。收拾书桌有时候是个大工程，特别是书桌上面和书桌周边存放太多东西的家庭，这时候需要选择孩子和父母时间宽裕的时候，并保持愉快的心情。

（2）遵循“用容易、收方便”的原则。书桌是给孩子使用的，需要和孩子做好事前沟通，尊重孩子的一些使用习惯，让孩子寻找东西方便，又不会花太多时间去再次整理。

（3）根据孩子需要，灵活调整摆放位置。

（4）收拾过程中可能会碰到一些困难，有些物品不能马上归类，别着急，先留着。

（5）书桌上面带有一些抽屉的，放置物品时尽量别放在第二层，便于快速拿放物品。

（6）对于新的学习用品，要及时归类放好，做到始终保持桌面整洁。

3. 习惯养成

整理书桌并保持整洁，以此帮助孩子在学习过程中集中注意力，这一点是很多父母容易忽略的。

（1）分类收纳

立式储物盒一般都是多层的，收纳空间也比较大。不要随意把东西往里边放，一定要做好分类，贴好标签，避免孩子找东西花费很多时间。

（2）及时行动

要及时整理书桌。孩子在写完作业，完成学习任务后，要把学习用品及时收进储物盒，并按照设定好的标签整齐放好。

（3）灵活调整

对于设定的标签，并不是一成不变的。随着孩子物品的增多以及需求的变化，父母和孩子做好沟通，可以对物品的收纳位置、标签进行灵活调整。可以遵循“用容易、收方便”的原则。

4. 如何奖励

为了鼓励孩子坚持并充分利用立式储物盒来帮助自己有条理地整理收纳学习用品，可以在家庭观察记录表上记上以下目标。

✓ 书桌桌面始终保持干净整洁，书桌下面没有杂物。

✓ 按照设定的标签，在不同储物盒内分类放置不同的学习用品。

✓ 储物盒里不乱放杂物。

✓ 拿出的学习用品能及时放回原位置。

每成功完成一项，就可以在家庭观察记录表上记上 20 个积分。

五、如何整理书包

使用工具：书包清单。

书包是孩子的好伙伴，是为孩子一天的学习生活做准备的一个小小的空间，一般用来收纳课本、笔记本、练习本、文具盒等。

1. 使用方法

第一步：编写书包清单（见表 5-12）。根据孩子所处的年级来编写。

表5-12　书包清单模板

必备物品	可选择物品

第二步：整理书包。一天的学习结束，需要孩子把所有的书本按照从大到小的顺序依次排列，把文具放入文具盒中，便于下一步的清点。

第三步：清点物品。按照书包清单，核对书本、练习本及文具等是否齐全。

第四步：准备第二天需要放进书包的所有用品。当孩子背起书包打算上学时，他需要逐一检查清单上的物品，并应当根据课程表准备需要补充进来的书本或用品，比如体育课要用的跳绳、美术课要用的画笔等。

第五步：清理杂物。把书包中一些碎纸片、废纸等清理出书包。

2. 注意事项

（1）对于年龄较小的孩子，常常会出现丢文具的情况。例如，铅笔、橡皮是经常容易丢的学习用品。父母要多鼓励孩子，在鼓励的过程中，帮助孩子修正，并督促孩子做得更好。

（2）在整理书包的时候，父母不可以主动代替孩子整理书包，而应该提高孩子的自主性。

（3）书包清单可以根据需要进行调整，并将清单放在孩子容易看到的地方。

3. 习惯养成

孩子基本上每天都需要整理书包，但还是会忘记带笔记本、作业本、其他需要的工具资料，比如跳绳、彩笔等，这时就体现出书包清单（见表 5-13）的价值了。

表5-13　书包清单

必备物品	可选择物品
语文书	红领巾
语文大练 + 小练	水杯
语文作业本	跳绳
数学书	其他科目需要带的物品
数学大练 + 小练	
数学作业本	
英语书	
英语大练 + 小练	
英语作业本	

在这个过程中，父母可以指导孩子制作书包清单，也可以协助孩子对照书包清单进行整理。但是要注意，在整理书包这件事情上，一定是以孩子为主，父母不可代劳，这样才更有助于孩子逐步养成整理书包的良好习惯。

4. 如何奖励

为了让孩子持续养成整理书包的好习惯，可以在家庭观察记录表上设置“整理书包”这一大项，并记上以下目标。

✓ 书包清单完整。

✓ 连续三天不丢失、不落下学习用品和学习资料。

✓ 书包干净，内部没有杂物。

✓ 书本等按照一定的顺序整理放置。

每成功完成一项，就可以在家庭观察记录表上记上20个积分。

·小结·

本节主要学习了如何通过风琴式文件袋帮助孩子有效整理学习文件，通过立式储物盒帮助孩子高效整理书桌，通过书包清单防止孩子弄丢落下学习用品，这一套工具能够帮助孩子有条理地整理收纳学习用品，使得孩子的学习效能翻倍。

经过一段时间的练习，相信孩子不再丢三落四了，书包也变得整洁有序。回到家里，书桌也干净整洁了，孩子能以最快的速度投入学习中，需要用到的学习用品存取方便，而且还能做到物归原位。

第四节　家长有规划，孩子有未来

前面我们讲了孩子如何有条理地记录作业，如何做好作业时间管理，如何有条理地整理好自己的学习用品，下面我们要综合以上能力，帮助孩子做长时作业的规划，提高孩子的计划力、灵活力、时间力及反思力，以此来对战“计划小魔怪”。

一、孩子在长时作业规划中存在的问题

孩子常常会出现这样的问题，如果一项作业不要求马上提交，那么他们总会拖到截止日期才赶工，实在来不及就不了了之。

我们先来看一个案例。

今天是假期的最后一天，明天要上学了，妈妈检查小希的作业，发现小希作文没有写，一张数学试卷上还有好几道题空着，要求自主阅读的课外书压根没翻过。现在已经是下午3点了，小希看了自己的作业完成情况也急得哭起来，怎么办呀？要完不成了。

妈妈也在旁边叹了口气，小希今年已经四年级了，可是完全没有规划作业的意识，总是要提交作业了，才急急忙忙地去完成。

妈妈已经跟小希说了好几遍了，让她把事情做在前面，可小希还是无动于衷。她耳边总会有个“计划小魔怪”跟她说：“不急，你有大量的时间，不急于一时，也不用提前安排作业，多麻烦！”

小希这样的情况还真不是少数，我身边也有很多这样的孩子，因为没有规划，临到最后全家跟着孩子一起急得团团转，甚至熬夜去补作业。在完成长时作业上缺乏条理性和计划力的孩子，一般都会存在以下问题。

1. 消极逃避

当孩子接收到一个大的任务时，往往感觉到压力巨大，随后就

不想去做，采取逃避的态度。

2. 拖延任务

不知道怎样去完成大型的学习任务或考试，拖到最后一刻，才慌张地开始。

3. 遗漏事项

计划好的事项常常出现部分遗漏的情况。

二、为什么存在这些问题

究其原因，最根本的还是在于孩子不会进行作业规划。具体来说，主要有以下原因。

1. 不会做任务拆分和合理计划

孩子拿到一个任务，比如“十一”假期要完成语数外老师布置的各项作业，往往没有头绪，不知道如何把这个任务分摊到截止日期前的每一天去完成，不知道如何将一个大的任务拆解成可控的小任务。

2. 没有检查的程序

一般情况下，在任务截止日期到来的中后期，孩子应该检查任务的完成情况，但他们往往不喜欢这一步，很多时候也会忽略这一步。

下面我们就来看看如何帮助孩子规划长时作业和考试，以及如何通过对作业做好检查来完成计划。

三、长时作业和考试

使用工具：作业计划表 + 长时作业日历表。

作业计划表（见表 5–14）可以帮助孩子将大型的学习任务或考试任务进行拆分，变成每一个可控的步骤来执行，然后结合长时作业日历表来控制整体时间进度，进而轻松完成任务。

表5–14　作业计划表

任务 / 考试			
时　间	需要采取的步骤	我需要的东西	每个步骤需要多长时间

1. 使用方法

第一步：在老师或父母布置一项新的长时作业或者宣布考试的那一天，制订相应的作业计划表和长时作业日历表。

第二步：根据截止日期倒推该项作业或者考试复习的可用时间。

第三步：陪孩子在日历表上分拆作业任务或者考试复习任务，并将其分摊到每一天。

第四步：对照日历表制订具体的任务计划，将每天的任务分解成各个步骤，每个步骤要尽可能详细，能让孩子明白自己要做什么，且易于执行。对于步骤非常清晰的作业，每一天分到的作业容易控制且具体，可直接把当天的作业作为一个步骤来执行。

第五步：查看每个步骤需要准备什么，提前做好准备。

第六步：估计每个步骤大概需要花费多长时间，根据具体时长完成相应的学习任务。

下面我们结合本节案例，看看小希是如何运用本节介绍的工具养成好习惯、轻松完成“十一”假期作业的。

“十一”放假七天，语数外三门功课的老师都布置了不少作业。小希的“十一”假期作业记录表见表5-15。

表5-15　“十一”假期作业记录表

日期：9月30日

科　目	每日作业	长时作业	当天带回家物品	节后带到学校物品
语文	无	①第一单元测试卷； ②完成国学练习册第一单元； ③完成一篇作文，题目为“我的同学×××”，不少于500字； ④《夏洛的网》每天阅读50页	☑课本 ☑笔记本 ☑练习册 ☑作业本 其他：无	☑课本 ☑笔记本 ☑练习册 ☑作业本 其他：无
数学	无	①完成第二单元数学试卷； ②订正第一单元测试卷； ③整理错题本	☑课本 ☑笔记本 ☑练习册 ☑作业本 其他：无	☑课本 ☑笔记本 ☑练习册 ☑作业本 其他：无

续上表

科　目	每日作业	长时作业	当天带回家物品	节后带到学校物品
英语	无	两张练习卷	☑课本 ☑笔记本 ☑练习册 ☑作业本 其他：无	☑课本 ☑笔记本 ☑练习册 ☑作业本 他：无

小希在妈妈的帮助下，把作业分配到假期的每一天，填写了长时作业日历表，见表5–16。

表5–16 “十一”假期长时作业日历表

月份：10月

1日	2日	3日	4日	5日	6日	7日
①完成英语试卷一份；②阅读《夏洛的网》50页	①完成第二单元数学试卷；②阅读《夏洛的网》50页	①完成语文第一单元试卷；②阅读《夏洛的网》50页	①订正数学第一单元试卷；②阅读《夏洛的网》50页	①整理数学错题本；②完成英语试卷一份；③阅读《夏洛的网》50页	①阅读《夏洛的网》50页；②完成语文国学练习册第一单元	①阅读《夏洛的网》50页；②完成作文

然后，把分配到日历表上的作业事项拆成步骤填入任务计划表中（见表5–17），这样就有条理多了。之后，就按照作业计划表往下执行即可。

表5-17 "十一"假期作业计划表

"十一"假期作业			
时　间	需要采取的步骤	我需要的东西	每个步骤需要的时间
10月1日	阅读《夏洛的网》50页	《夏洛的网》	30分钟
	完成英语试卷一份	英语试卷、铅笔、橡皮	40分钟
10月2日	完成第二单元数学试卷	数学试卷、铅笔、橡皮	40分钟
	阅读《夏洛的网》50页	《夏洛的网》	30分钟
10月3日	完成语文第一单元卷子	语文试卷、铅笔、橡皮	40分钟
	阅读《夏洛的网》50页	《夏洛的网》	30分钟
10月4日	订正数学第一单元试卷	数学试卷、铅笔、橡皮	5分钟
	阅读《夏洛的网》50页	《夏洛的网》	30分钟
10月5日	整理数学错题本	错题本、铅笔、橡皮	10分钟
	完成英语试卷一份	英语试卷、铅笔、橡皮	40分钟
	阅读《夏洛的网》50页	《夏洛的网》	30分钟
10月6日	阅读《夏洛的网》50页	《夏洛的网》	30分钟
	完成国学练习册第一单元	练习册	40分钟
10月7日	阅读《夏洛的网》50页	《夏洛的网》	30分钟
	完成作文	作文本、铅笔、橡皮	60分钟

小希平均每天花1个小时左右就完成了令她一开始无从下手的作业。通过对长时作业进行合理的拆分和安排，大大减少了孩子的压力，此外，每一天的作业都清晰明确，这样更有助于孩子完成任务。

2. 注意事项

（1）分拆后的步骤一定要详细具体，不需要孩子再思考我先做什么，怎么开始，以看到计划就能上手做为准，减少因为选择或者作业多压力大而出现拖延的情况。

（2）完成每个步骤要用到的物品、资料务必提前准备好，这样可以大大提高孩子的学习效率。

3. 习惯养成

（1）温柔引导

刚开始练习填写作业计划表和长时作业日历表时，孩子有可能会不太理解表格中要填的具体内容，父母要耐心引导，给孩子解释清楚每一项要填的内容，在前几次填写的时候陪伴孩子一起完成。

（2）反复练习

要达到熟练使用作业计划表和长时作业日历表的目标，需要孩子反复练习，练习得越多，填写效率也会越高。

4. 如何奖励

长时作业的记录、拆分和按步骤执行不是个轻而易举的过程，但是对于孩子提高阶段性的时间管理能力和对一个大的任务的拆解能力却是非常好的锻炼，对孩子以后的成长也会产生深远的影响。

为了鼓励孩子坚持使用配套表格工具来规划长时作业，可以在家庭观察记录表上设置“作业规划能力”这一大项，记上以下目标。

✓ 长时作业记录完整。

✓ 将长时作业合理地分配到长时作业日历表中。

✓ 拆分后的作业步骤清晰，可立即执行。

✓ 预估每一个步骤需要花费的时间并记录。

每成功完成一项，就在家庭观察记录表上记上20个积分。

四、如何自我检查

使用工具：检查对照清单。

孩子完成作业后，需要检查作业，确保已经整洁地、完整地完成了作业。除了检查已经完成的事项，还需要检查长时作业和中晚期学习计划的完成进度。

1. 使用方法

第一步：逐一检查作业事项。

（1）老师布置的所有作业都做了吗？

（2）有没有按照老师的要求完成？（作文字数达到了吗？中心主题符合吗？）

（3）试卷写名字了吗？

（4）字迹是否整洁？

（5）有没有错别字？

（6）除了书写的作业，预习、复习等作业都做了吗？

第二步：检查计划进度的时候，对照日历表和任务计划表查看。如果孩子执行情况正常，就可以按照原计划继续；如果发现有偏离的情况，就需要及时做出调整，保证完成计划。

2. 注意事项

（1）对于常规的学校作业，可以列个检查对照清单（见表5-18）。

父母可以在旁边协助，一边念孩子一边查看，以便于孩子执行。

表5-18　检查对照清单

项　目	是否完成
老师布置的所有作业都做了吗	
有没有按照老师的要求完成	
试卷写名字了吗	
字迹是否整洁	
有没有错别字	
除了书写的作业，预习、复习等作业都做了吗	

（2）在检查作业进度的时候，发现有偏离的情况，务必及时和孩子沟通，调整计划。

3. 习惯养成

在每日作业最后，都要安排一个环节来督促孩子对照清单检查作业。一开始，父母可以陪着孩子检查，随后慢慢放开，让孩子自己来做。

4. 如何奖励

为了鼓励孩子对作业做好检查，可以在家庭观察记录表上记上以下目标。

✓ 按检查对照清单检查作业。

✓ 有序地推进作业的完成。

✓ 主动发现作业计划中的问题，并做出合理调整。

每成功完成一项，就可以在家庭观察记录表上记上20个积分。

·小结·

本节主要介绍了利用检查对照清单帮助孩子检查作业并及时了解规划中的作业事项的完成进度，让孩子和父母都做到心中有数。

经过一段时间的练习，相信孩子可以有条理地记录作业，做好作业时间管理，学习用品开始整洁有序，长时作业得到规划，进而能够更加轻松高效地完成作业。

第六章

培养条理性，学习好轻松

思维导图是一种非常实用的思维锻炼工具，可以呈现大脑中的思考过程、整理混乱的思绪、激发新的思考，是培养孩子条理性最好的工具之一。通过思维导图培养孩子的条理性，可以使学习变得更加轻松高效。

本章我们将介绍思维导图的原理、绘制方法，以及如何把思维导图应用在学科学习中，让工具为孩子所用，培养孩子的条理性，在此基础上有效提升孩子的学习力。

第一节　巧用思维导图，培养条理性思维

使用思维导图，可以帮助孩子梳理知识点，激发多角度的深度思考，锻炼思维的条理性，有效提升学习力，提高学习成绩。

一、学习中常见的问题

在学习中，孩子普遍存在以下问题。

1. 知识漏洞不易察觉

在学习过程中，哪里学会了，哪里是弱项，需要做到心中有数。但对于孩子来说，尤其是低年龄段孩子，表达能力有限，询问他是否都听懂了，他会说全懂了。但是，一写作业，就拖拉磨蹭；遇到考试，各种扣分。究其原因，很大可能是学习中有知识漏洞，但漏洞在哪里？孩子年龄小，观察和总结能力有限，往往不能很快分析出来，无法及时查缺补漏，从而造成学习滑坡。

这一点对有强烈逻辑连贯性的学科影响更为明显，比如数学、物理、化学等。很多孩子试图通过题海战术来掌握知识，但知识漏洞如果得不到有效梳理，基础知识掌握不牢固，那么题海战术也收效甚微。

2. 缺乏主动深度思考能力

当今社会，以下几方面是培养孩子深度思考能力的“拦路虎”：父母的过度包办、大包大揽让孩子“懒得思考”；高科技时代的生活让很多事情变得轻松，减少了孩子动手解决问题的机会等。长期下去，孩子就会缺乏独立深度思考能力，并逐渐失去主动思考和创新能力。

3. 缺乏学习自驱力

现在的父母都非常关注孩子教育，不惜花费大量时间陪伴孩子，甚至时刻监督和纠正孩子的任何一个小小的行为。父母的过度干预，无形中成为孩子的压力，让他们无法真正对学习产生热情，无法激发自驱力。

二、思维导图解决学习中的问题

针对孩子在学习中遇到的问题，使用思维导图，可以帮助孩子将思考过程可视化，在学习过程中不断反思，慢慢形成自己的学习方法，在此基础上逐步提升学习力，激发学习动力。

1. 梳理知识点，精准地查缺补漏

一个学科在某个阶段学习中的知识内容是有限的，可以采用思维导图，梳理重点、难点、关键点，快速发现孩子的知识点漏洞，从知识点出发及时查缺补漏，针对弱项精准练习学透学通。同时，通过思维导图，可以建立新知识与旧知识的关联，不断增强思维回

路。此外，使用思维导图，能够解决知识漏洞不易察觉的问题，打牢基础知识，使学习越来越轻松。

2. 去粗取精提炼重点内容

思维导图的呈现，更容易使我们掌握事物的全貌和整体框架，抓住重点。在思维导图的绘制中，我们将对混乱的信息不断进行有序的整理，并把重点信息提炼出来，这样有助于抓住核心内容，把握学习要点，也便于后续复习。

3. 激发深度思考，提高思维能力

绘制思维导图的过程也是将思维可视化的过程。大脑是发散的，充满想象的。用思维导图记录并梳理思考过程，可以捕捉到大脑中重要的启示和细微的灵感，能够激发更多创意。在思考过程中，通过思考其他的分析角度，激发大脑多视角思考，可以逐渐提升我们的思维能力。

三、思维导图简介

1. 思维导图的定义和作用

思维导图是帮助我们进行思维激发和思维整理的可视化非线性工具。思维导图的作用有以下几点。

（1）思维激发

思维导图有助于我们发散思维。例如，上课时，老师随机出一个题目，让孩子展开想象，看图说话。想到苹果，你能想到什么？

相信每个人都会想到不一样的东西，有的人会想到苹果可以吃；有的人会想到苹果树；也有的人会想到跟苹果一样的水果等。这个过程就是思维激发，主要是联想和想象。

（2）思维整理

思维导图有助于我们调整逻辑关系，能够让我们的思维更有条理性。例如，整理房间，同样多的东西，如果房间中的物品随便乱放，一定会显得又乱又拥挤。而按照规律整理后，房间就会空出来很多的空间。同样地，我们头脑中的信息也是需要整理的，而思维导图就是一个非常好的工具。

（3）可视化

思维导图有助于我们把原来看不见的东西变得可见。头脑中的想法是抽象的，孩子看不见，父母也看不见。通过思维导图，把想法落在纸面上，我们就可以看见它们，并且还能够看见思维的变化过程。

（4）非线性

思维导图是一种非线性的表达工具，具有明显的结构化特征，具有五大优势：焦点集中，主干发散，层次分明，节点相连，图形结合。

2. 思维导图的组成部分

提到思维导图，一定要介绍它的发明者——东尼·博赞先生。他1942年出生于英国伦敦，毕业于哥伦比亚大学，他拥有心理学、英语语言学、数学和普通科学等多个学位。他是英国大脑基金会的总裁，同时，还创办了世界记忆力锦标赛、世界快速阅读锦标赛和思维奥林匹克运动会。下面以东尼·博赞先生的介绍为例（如图6–1所示），来说明思维导图的组成部分，以及如何正确阅读一张思维导图。

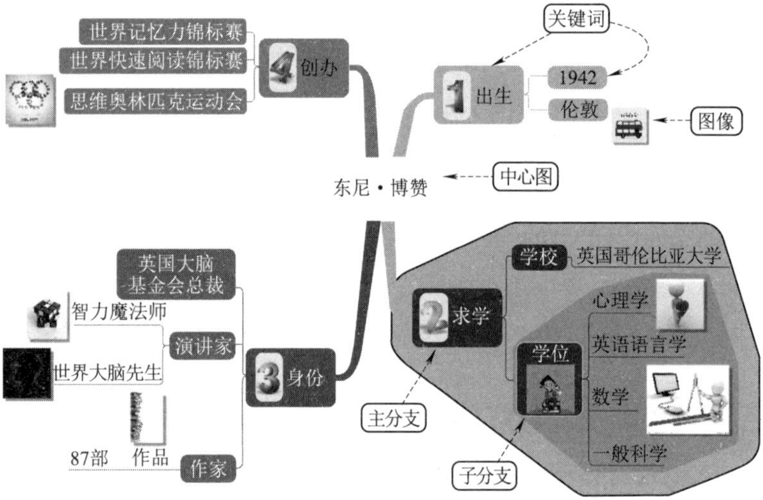

图6–1　东尼·博赞先生的介绍导图

（1）中心主题与中心图

思维导图正中间“东尼·博赞”四个字，就是这张思维导图的中心。若有配图，则这张配图就是这张思维导图的中心图。有了中心主题、中心图之后，就可以用线条往外延伸内容。

（2）主分支与子分支

导图最先分出的部分（如1，2，3，4）是主导图的主分支，从主分支分出的部分是子分支。主分支包含子分支。可以用一棵树来理解，思维导图就是先长出大大的树枝，然后大的树枝上面还有小的树枝，这就是主分支跟子分支的关系。

（3）关键词与图像

分支里面有很多文字，称为关键词。有时候，我们为了强化关键词，更好地记忆关键词，还会给关键词配上图片，这就是思维导图的图像，也称为插图、配图。图像是为了调用我们的右脑进行图像化思考，这也是思维导图的特色。

3. 思维导图的阅读方式

我们还是以东尼·博赞先生的个人简介为例，来说明如何阅读一张思维导图。

第一步：看中心主题与中心图，我们最先看到“东尼·博赞”四个字，这时候就很清楚，这个思维导图就是这位老师的介绍说明。

第二步：看主分支的第一个关键词。分支的读图顺序为：从斜上方 45 度角开始顺时针阅读。以图 6–1 为例，看完中心图后，可以看到第一个关键词“出生”，然后是“求学”“身份”“创办”。这样一来，我们就会有一个总体的框架：这张思维导图从出生、求学、身份、创办四个方面来介绍东尼·博赞先生。

第三步：展开每个分支中的细节。例如，先看分支“出生”，可以看到“1942”“伦敦”。其他的分支也是按照这个顺序去阅读。

第四步：看细节。包括配图、连接线、标注的重点等。

以上顺序，主要是让我们先有宏观的认识，然后再去关注细节。

4. 思维导图的基本原则

在使用思维导图的时候，有一个重要原则，即 MECE（mutually exclusive collectively exhaustive）原则。这个原则贯穿思维导图始终，意思是“相互独立，完全穷尽”。“相互独立”，意味着问题的细分在同一维度上，有明确区分且不可重叠；而“完全穷尽”，则意味着全面、周密。对于一个主题的分类，要做到“不重不漏”，各个要素之间要保证不能有交叉，也不能有遗漏。在使用思维导图的时候，要遵循 MECE 原则，做到不重复不遗漏。

四、如何绘制思维导图

绘制思维导图，可以用手绘，也可以用软件，关键要掌握思维导图制作的步骤。下面以手绘一张思维导图为例，来介绍思维导图的绘制步骤。

准备工作：A4 白纸横放。

注意：不要使用有线条的纸张，会影响思维发散。

第一步：正中心，绘制中心主题和中心图（如图 6–2 所示）。

图 6–2　绘制中心主题和中心图

（1）位置

在正中间绘制，为四周留出足够的位置发散思维。

（2）大小

约小朋友拳头大小。

（3）中心图

色彩丰富、生动有趣的中心图，不仅可以让思维导图好看，而且还让孩子对思维导图的绘制更加有兴趣，从而更专注地绘制。

注意事项：中心图一定要突出中心主题，不要选跟主题无关的图片。好的图片有利于联想和想象。

第二步：画主分支和添加主分支关键词。

1. 画主分支（如图 6-3 所示）

图 6-3　画主分支

（1）从右上方 45 度开始，顺时针旋转，依次画出多个主分支。

（2）主分支线条要用平滑的曲线，并且由粗到细，越靠近中心图线条越粗。这样可以清楚地知道主次关系，并且可以帮助大脑更好地联想和想象。

（3）线条的长度要与关键词的长度大致相同，考虑到思维导图的布局和美观，不建议太长或太短。

注意事项：

（1）数量：主分支控制在七个以内，过多会显得杂乱。

（2）颜色：同分支同色，不同分支不同颜色，可以用区分度比较大的颜色。

2. 添加主分支关键词（如图 6-4 所示）

图 6-4　添加主分支关键词

（1）一线一词，一段线条一个关键词。也有些例外，比如一些术语、诗句、概念等，就不需要再去提炼了。

（2）关键词要精练，能写短句就不写长句，能写关键词就不写短句，越精练越好。

注意事项：关键词是最能表达内容的词语，需要有概括提炼的能力，这也是初期学习思维导图的一个难点。提升这个能力最好的方法是多练。先降低难度，从关键句开始，不断刻意练习。

第三步：画子分支（如图 6–5 所示）。

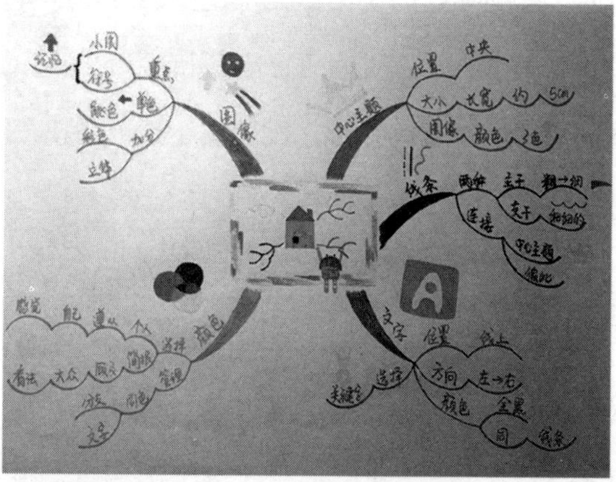

图 6–5　画子分支

（1）同分支同色，同一个分支下所有分支都用同一种颜色。这样一来，不仅外观更加清晰、清爽，也可以降低大脑的认知负荷，并增强组块记忆。

（2）分支之间有联系，可以用关联线（虚线）连接。

第四步：配图。

（1）图片要和表达的主题相符合。因为配图的主要目的是让我们更好地记忆。如果不符合，就不要随意配图。

（2）可以使用单色图像、多色图像、立体效果等，这些都可以为思维导图添彩。

（3）配图不宜过多，建议对中心主题或特别重要的关键词进行配图即可。

（4）越靠近中心主题，配图越大；越远离中心主题，配图越小。

注意事项：思维导图的关键不在于配图画得多好看，而是选用适合的分类或思维模型来完成主题，选用恰当的关键词进行思考，找到关键词间的关联并正确呈现。配图属于锦上添花，不建议为了配图倾注过多精力，不可本末倒置。

五、注意事项

关于思维导图的绘制，需要注意以下三点。

1. 亲子共学

父母可以跟孩子一起学习绘制思维导图，这样可以促进亲子关系，而它也是孩子心理成长当中非常重要的一个环节。父母也可以自己先学习后，再做孩子的第一位思维导图教练。

2. 鼓励多画

要鼓励孩子独立完成绘画，独立去做多角度思考和练习。“东尼·博赞”的案例，仅仅是一个参考，不是标准答案。孩子可以有不同角度的思考，练习自己的想象力和联想的能力，画出不一样的图，最终提炼总结出知识点。这是非常有价值的，同时思考的过程也很有意义。

3. 锻炼思维

市面上有一些手绘思维导图的方法，很漂亮也很吸睛，为了激发孩子兴趣可以去尝试。但是，思维导图的核心在于思维方式，它是帮助我们进行思维激发和思维整理的可视化非线性工具，可以帮助我们梳理自己的思考过程来解决学习和生活中的问题。不建议仅仅为了追求视觉的美观而去追求手绘导图。

六、习惯养成

1. 备好工具

准备好绘制思维导图的工具，比如纸和笔。稍大一点的孩子还可以使用思维导图 App 来绘制思维导图。

2. 兴趣引导

通过孩子感兴趣的事情来引导孩子绘制思维导图。例如，喜欢某个动画人物，可以用思维导图绘制这个人物的特点导图；或者读了一本有趣的书，可以用思维导图来做读书笔记。

3. 反复练习

鼓励孩子用思维导图做笔记和梳理课本中的知识要点，通过在不同场景下反复练习达到熟练掌握思维导图的目的。

七、如何奖励

为了鼓励孩子使用思维导图,可以在家庭观察记录表记上以下目标。

✓ 看完一篇文章，画出思维导图。

✓ 用思维导图做一个生动的自我介绍。

每成功完成一项，就可以在家庭观察记录表上记上20个积分。

·小结·

本节主要介绍了思维导图的定义、原理、绘制方法。思维导图是一种帮助我们进行思维激发和思维整理的可视化非线性工具。它的组成部分为中心主题与中心图、主分支、子分支、关键词与图像。思维导图中有个最重要的概念——分类，遵循MECE原则，相互独立，完全穷尽。此外，还介绍了绘制思维导图的四个步骤，通过这四个步骤，我们可以轻松画出一张思维导图。

经过一段时间的练习，相信孩子可以熟练使用思维导图工具，并在学习中使用起来，从而锻炼思维的条理性，并有效提升学习力，进而提高学习成绩。

第二节　利用思维导图写作文

在孩子的语文学习中，通常有两大难题：写作文、阅读理解。从一年级开始的看图说话，到高年级的大小作文，一直到高考，作文在考试中一直都有非常大的占比。但是，写作文成为很多孩子的问题。下面介绍一种使用思维导图写作文的方法，可以帮助孩子稳步提升写作能力。

一、写作文时常见的问题

孩子写作文时存在的问题具体如下。

1. 无话可说

老师布置一个作文题目，孩子不知道怎么下笔，抓耳挠腮，琢磨半天才能挤出干巴巴的几句话。有的孩子可能会想到模仿范文，硬生生地把素材拼凑起来，没有真实想法的呈现，没有打动人的细节描写，没有真挚的情感流露。总之，无话可说，无法写出好的作文。

2. 逻辑混乱

写作文时，有些孩子只会反复说一个问题，没有条理，不会突出主题，无法清晰表达自己的观点。写出来的作文，不得要领。依据皮亚杰的儿童认知发展四阶段理论，在学龄前后会经历从形象思维到逻辑思维的发展，小学低龄段逐渐从形象思维的观察，过渡到开始用逻辑思维理解外部世界的具体事物，在小学高龄段开始发展抽象思维。

3. 记流水账

刚开始写作文的孩子很容易把作文写成流水账，这是一个常见的问题。例如，写记叙文只会按照顺序先干什么再干什么，接下来怎么样，结果什么样，从头到尾记录下来，平铺直叙，没有亮点。在小学低龄段，能写出流水账作文已经是一个不错的基础，至少孩子愿意写。但是时间长了，需要进行干预，在兴趣的基础上，鼓励孩子发散思维，激发想象，通过细腻的观察、细节的描写，对事物进行深度思考，让孩子爱上作文。

二、用思维导图解决写作问题

针对孩子在写作文时遇到的问题，使用思维导图，可以帮助孩子激发思维，围绕主题进行逻辑清晰的表达，并可以在日常作文的表达练习中，逐步提高认知，写出富有感染力的有内容有深度的好文章。

1. 激发思维，头脑风暴

思维导图的一大特征是帮助大脑进行思维发散，实现头脑风暴，可以解决写作文最难的无话可说的问题。思维导图把逻辑结构与颜色、配图、分支线条、关键词等有机结合，从理性的角度激发右脑思考，调动孩子的左右脑，进行思维发散，迸发灵感，找到写作的素材。思维导图的可视化展示，就像我们大脑中的神经元连接一样，将头脑中形象思维的画面不断呈现，继而横向展开，纵向思考，实现思维绽放和思绪飞扬，在此基础上解决无话可说的问题。

2. 分解结构，结构化思考

思维导图是一个结构化思考工具，可以解决作文逻辑混乱的问题。一篇作文需要有素材、有结构、有细节；需要考虑语言表达、标点符号、修辞手法；既要考虑立意深邃，要有真实感情，还要条理清晰。这些要求全部混在一起，就很容易混乱。用思维导图分解结构，可以在框架内自由发挥，有条理地组织内容，再多的内容都不会混乱。

3. 提高认知，富有感染力

使用思维导图写作文能够提升孩子的认知，可以解决把作文写成流水账的问题。好作文的语言富有表现力，细微之处精准的表达能够使读者被文字所打动，产生共鸣和联想。使用思维导图练习作文书写可以促使孩子对生活进行细微观察和深入思考，经过不断的练习，可以提升孩子的认知、思维能力和表达能力，激发孩子对生活的热爱。

三、使用工具：思维导图作文四步法

如何用思维导图这个工具写出一篇作文？通过思维导图作文四步法，即确定中心主题、设定主分支、细化子分支、优化细节四个步骤，就可以帮助孩子高效写出一篇不错的作文。

用思维导图写作文具体步骤如下：

第一步：确定中心主题。

用思维导图写作文，第一步要确定主题。主题是根据作文题目的要求确定的，可以简单理解为作文的标题，最基本的要求是不跑题，贴合材料，紧扣题目。

第二步：设定主分支。

有了主题，第二步是设定主分支。主分支是宏观概念，相当于作文整体结构，也就是作文的提纲。

这里介绍一个通用的思维导图主分支模板，即思维导图头身脚作文模板（如图 6-6 所示），有了完整的“头、身、脚”，结构就不会混乱。

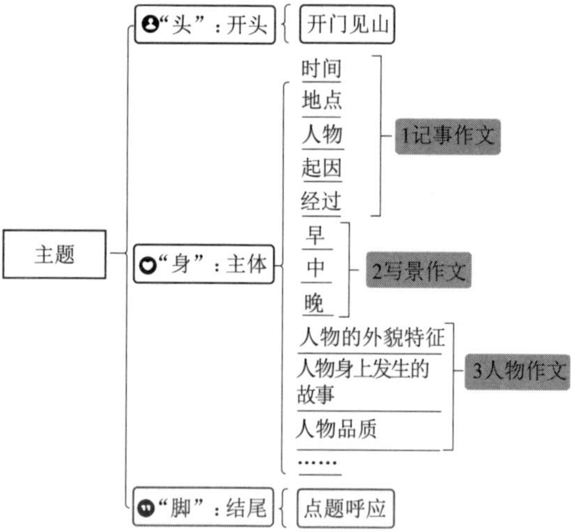

图 6-6　思维导图头身脚作文模板

头，是作文的开头部分，也是导入部分，开门见山，直接点题。

身，是作文的主体部分，是作文最重要的部分，这部分占据了作文最大篇幅，要重点展开。

脚，是作文的结尾部分，要注意点题呼应，升华主题。

第三步：细化子分支。

在细化子分支时，最重要的主体部分是“身”，可以使用思维导图的思维激发和思维整理两大法宝。我们可以使用思维激发的方法充分发散后，用思维整理去收敛和分段，最后形成严谨的结构和生动的表达。

对于不同类型的作文，已经有一些比较成熟的提纲，可以用在思维导图“身”的部分，作为“身”的子分支。通过子分支激发孩子的思维，让孩子把想到的相关内容填写到相应的子分支后面，有效帮助孩子做好思维整理。

下面列举一些常见类型作文的提纲，可以作为思维导图的子分支。

叙事作文：抓住六要素，即时间、地点、人物、起因、经过、结果。

写景作文：按照时间顺序，比如一天之内的早中晚，或者一年内的春夏秋冬描写景物；按照空间顺序，比如由远及近描写景物。

人物作文：可以介绍人物的外貌特征（包括表情、语言、动作）、人物身上发生的故事、人物品质等。

第四步：优化细节。

经过前面三步，利用思维导图写的作文已初具雏形，最后一步需要考虑的就是优化细节了，具体来讲，主要是在思维导图子分支的基础上加上“特写镜头”，进行文字润色。

特写镜头，是指针对重点内容着重去写。例如，叙事作文中，事件发展的高潮部分；写景作文中，对景色的特写镜头等。要想特写镜头完成得好，推荐使用“六感法”，即我们的五感视觉、听觉、嗅觉、味觉、触觉，再加上想象。比如在完成写景作文时，要想描绘出画面感，我们就可以通过这六感充分去感受面前的景色，找出景物独有的特点，在此基础上去描写。

文字润色，是指对文字进行润色和装饰。可以使用比喻、拟人、排比等修辞手法，这样可以使作文更加生动、形象、具体，并增强感染力。

完成以上四步，一篇利用思维导图写出的作文就基本完成了。

四、具体案例

作文题目：一个春天的清晨，你走在家门口的小路上，偶然发现，道路两旁的树已经长出了绿色的叶子。请你有感而发，写一篇描写身边景色的作文，字数250字左右。

第一步：确定中心主题。

根据作文题目，在纸上写下思维导图的主题——我家门前的林荫小道。

第二步：设定主分支。

运用思维导图头身脚作文模板，在主题后面写上开头、主体和结尾三个主分支。

第三步：细化子分支。

这里主要是细化“身”的部分，也就是作文主体部分。写景作文我们可以按照时间顺序来呈现，比如一年中的春夏秋冬四个季节有不同的景色。我们可以在思维导图主分支主体后面分出四个子分支：春天、夏天、秋天、冬天，然后将每个季节的景色写到对应的子分支后面。

第四步：优化细节。

对子分支进行特写和文字润色。比如，小草探出了小脑袋，好像在看春天来了没有，这样描写整个画面就会特别生动，充满童趣。

完成以上四步，便形成了这篇作文的思维导图，如图 6–7 所示。

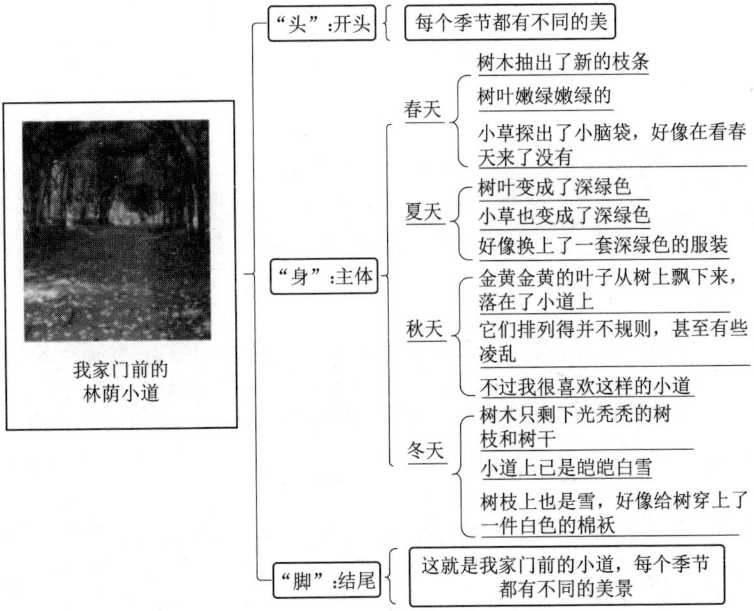

图 6–7　用思维导图写作相关案例

最后，我们可以把思维导图按照结构顺序整理为文章。

我家门前有一条林荫小道，每个季节都有不同的美。

春天，树木抽出了新的枝条，树叶嫩绿嫩绿的，小草探出了小脑袋，好像在看春天来了没有。

夏天，树叶变成了深绿色，小草也变成了深绿色，好像换上了一套深绿色的服装。

秋天，金黄金黄的叶子从树上飘下来，落在了小道上。它们排列得并不规则，甚至有些凌乱，不过我很喜欢这样的小道。

冬天，树木只剩下光秃秃的树枝和树干，小道上已是皑皑白雪，树枝上也是雪，好像给树穿上了一件白色的棉袄。

这就是我家门前的小道，每个季节都有不同的美景。

五、注意事项

在使用思维导图写作文时，需要注意以下三点。

1. 主题明确

一篇作文的好坏，跟主题有很大关系。确定思维导图的主题时，要明确，不需要过多展开，越简单明确、贴合题目越好。同时，在写主分支和子分支时，要时刻注意围绕主题去写。与主题关系紧密的，要重点写；与主题关系一般的，可以略写；与主题无关的，不写。

2. 提问引导

在孩子缺少思路或思维过于发散的时候，父母可以通过提问进行引导，帮助孩子扩展思维和整理思路。比如写游记，可以问，今天出去玩你印象最深的事情是什么，为什么让你印象深刻。比如描写动物，可以问，这个猴子的皮毛是什么颜色的，它的眼睛像什么。

3. 注重积累

思维导图作文四步法主要解决的是孩子写作文无话可说或结构混乱的问题，对于细化子分支中文字润色需要的字词功底，还在于平时积累。父母要引导孩子平时多阅读，多观察体验生活，为写出有真情实感的好文章积累足够的素材和优美词句。

六、习惯养成

首先，在学校的语文学习中，老师会讲课文的写作方法，孩子就可以将其用思维导图的方式呈现出来，从而积累词汇和句子。其次，在日常生活中，可以鼓励孩子写日记，当我们陪伴孩子参加活动，与孩子交流时，就可以引导他按照思维导图的逻辑去表达，用六感法去体验生活，用精准的词汇表达自己的思想。最后，学习感悟、日常生活、旅游见闻，所有这些都可以用可视化的方式呈现，可以贴在孩子的房间里，它们都是满满的回忆。慢慢地，孩子就会有话讲，表达也会有逻辑有情感有思想，当然也能写出好作文了。

七、如何奖励

为了鼓励孩子借助思维导图写作文，可以在家庭观察记录表上记上以下目标。

✓ 围绕生活中发生的一件小事绘制思维导图。

✓ 围绕公园或者旅游见闻绘制思维导图。

✓ 梳理一篇自我介绍，画出思维导图。

✓ 写一篇最喜欢的图书的读书感，画出思维导图。

每成功完成一项，就可以在家庭观察记录表上记上 20 个积分。

·小结·

本节主要介绍了思维导图作文四步法，按照明确主题做好立意、使用框架结构组织内容、通过激发思维自由准确表达、特写聚焦对文章进行润色这四个步骤，可以完成一篇作文的书写。

经过一段时间的练习，相信孩子能够熟练按照思维导图作文四步法轻松写出一篇作文，并在这个过程中不断锻炼自己的计划力、执行力和记忆力，提升自身条理性思维，提高作文写作能力。

第三节　利用思维导图高效阅读

阅读可以帮助孩子开阔视野，增长见识，滋养心灵，但并不是每个孩子都掌握了高效的阅读方法。如何快速阅读一本书并掌握其中的内涵，我们也可以运用思维导图这个工具。

一、阅读中常见的问题

孩子在阅读中存在的问题具体如下。

1. 课内阅读，读了很多遍都记不住

在课内语文学习中，经常需要记忆或者背诵经典文章、古诗、文言文。如果不理解内容，没有合适的方法，完全机械式记忆，那么孩子可能很难记住。

2. 课外拓展，读了很多书也不会写作

有些孩子阅读量挺大的，知识面也很广，但在实际写作时却写不出东西。日常增长知识的阅读与提高写作能力的阅读是不一样的。只有掌握精读的方法，才可以在阅读中提升文章赏析和解读能力，才能有效积累作文素材，进而妙笔生花。

3. 整体能力不足，停留在浅层次阅读

有些孩子阅读能力不足，不管是课内背诵还是课外拓展，一直停留在浅层次阅读，孩子无法体验到阅读的快乐，也无法得到心灵的激荡。阅读能力的提升是长期的事情，需要持续坚持，逐步提升。

二、思维导图解决阅读中的问题

针对孩子在阅读中遇到的问题，使用思维导图可以帮助孩子提高内化理解能力，更好地记住课内重点；在大量泛读的基础上更好地精读，积累写作的思路和素材；提高孩子的阅读能力，促进自主阅读，让孩子爱上阅读。

1. 理解内化，解决记不住的问题

用思维导图去拆解文章，可以帮孩子更好地理解和记忆，解决记不住的问题。利用思维导图梳理文章脉络，加上直观的画面激发大脑感性思考，多角度去加深理解和内化知识，这样能够让知识本身更容易被记住。

2. 导图精读，积累写作思路和素材

写作的关键是阅读，阅读和写作分别对应知识的输入和输出。大量的有效输入，才可以更好地输出。在大量泛读之后，就要特别重视精读了。精读使得孩子沉浸在深度阅读中，对孩子成长会产生深远影响。提高作文水平的阅读要精读。可视化的思维导图笔记，是阅读与写作之间非常好的桥梁，对经典名篇解析得越详细，作文水平提升也会越明显。

3. 拆解目标，按照步骤提升阅读能力

孩子的阅读能力可以通过思维导图进行提升。同一篇文章，每个人的解读不一样，阅读能力也千差万别，我们需要帮助孩子提升阅读能力。通过持续用思维导图解析文章的练习，孩子一看到文章，就可以轻松掌握它的主题、脉络、精彩之处，抓住核心，发现亮点，也可以带着批判性思维去分析，从而提升阅读能力。

三、使用工具：思维导图高效阅读法

用思维导图拆解一篇文章，具体有四个步骤，如图 6-8 所示。

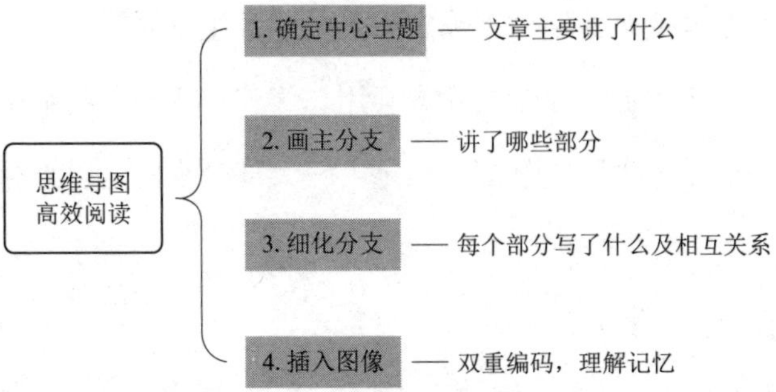

图 6-8 思维导图高效阅读四个步骤

第一步：确定中心主题。

中心主题，是一篇文章的核心，接下来的内容全部围绕中心主题来展开。阅读时，我们需要总结文章的主要内容，并将其放到中心主题位置，有合适图片的情况下可以配一个有趣的中心图。获得中心主题有两种方法。

第一种，直接看标题，如果标题可以概括文章的大概意思，就可以把它直接作为思维导图的中心主题。

第二种，如果有的文章标题概括得不是很清晰，那么可以用自己的话来总结这篇文章的主要内容，然后用比较简洁的文字写在思维导图中央作为中心主题。

第二步：确定主分支。

主分支，是指文章围绕中心主题讲了哪些部分，是思维导图的一级分类。

读完一篇文章后，带着思考再快速浏览一遍，想想文章的结构是什么？根据文章的结构来确定思维导图的主分支。比如，一般来说，与写作文类似，很多文章都会用“头、身、脚”的结构，我们就可以按照“导入”“主体”“结尾”三大部分来确定思维导图的主分支。

第三步：细化子分支。

一般来说，“身”的部分会占据文章最大篇幅，是文章的主体部分。这一步是对文章“身”的部分进行子分支细化。阅读时，需要细致解读主体部分，思考文章主要围绕哪几个方面来展开，每个部分写了什么，相互关系又是什么。这一步非常关键。

在每个部分找到一个关键词或者关键句，将其写到子分支的位置上。有了子分支，孩子就明白这篇文章大概从哪些方面讲了主体内容。

然后，针对每个子分支再继续进行细节阅读。每个子分支关键词下，文章是怎么描述的，有哪些细节。在阅读过程中对这些问题进一步做关键词提炼，并将其放到对应的子分支下面。这样，整个思维导图的文字部分就完成了。

第四步：标注重点并配图。

为思维导图的重点部分配上插图。在文字笔记的基础上加入图像，双重编码，这样可以更好地记忆。

画完思维导图总体浏览一遍后，可以尝试让孩子复述文章。你会发现，思维导图可以帮助孩子更好地理解文章内容。

四、具体案例

下面以文章《有趣的小刺猬》为例，介绍思维导图阅读法的具体使用。原文如下：

刺猬是一种有趣的小动物。它的身体活像一只老鼠，只是比老鼠大多了。它的头尖尖的，眼睛和耳朵很小，牙齿非常锋利，门牙特别长。刺猬的四肢很短，跑起来很快。它的爪子像老鹰的爪子那么锐利，那么有力。除了腹部，刺猬浑身长满了像钢针一样的硬刺，又短又密。遇到强敌时，它就把身体蜷成一团，成为一个可怕的刺球，连凶猛的野猪也拿它没有办法。刺猬不仅用硬刺保护自己，还用它来搬东西呢！夏天，正当人们进入梦乡的时候，它悄悄地从洞中爬出来，趁着月光，窜到瓜地里，用它那锋利的牙齿把瓜柄咬断，然后在地上打个滚，把硬刺扎进瓜皮，一翻身就背着瓜溜走了。刺猬真是一种又乖巧又有趣的动物。

第一步：确定中心主题。

这篇文章的标题是“有趣的小刺猬”，也是这篇文章的中心主题，把它直接写下来。

第二步：确定主分支。

快速浏览，找到文章的结构。

“头”：刺猬是一种有趣的小动物。

“尾”：刺猬真是一种又乖巧又有趣的动物。

“身”：描写刺猬，是文章的主体部分。

第三步：细化子分支。

接下来，重点浏览“身”描写刺猬的部分。我们可以找到四个关键词，即身体、头部、四肢和硬刺，文章就是围绕这四个方面来介绍小刺猬的，针对每个子分支继续细节阅读。

第一个子分支，“身体”。我们先看到“身体像一只老鼠”，把它标出来；再往后读，又会发现关键信息，“它比老鼠大”，这是在说明刺猬的体型。

第二个子分支，“头部”。头的特点是尖尖的，而且头上的眼睛和耳朵很小，牙齿很锋利并且门牙很长。这些都是描述刺猬头部信息的细节关键词。

第三个子分支，“四肢”。短、跑起来快、爪子锐利有力。

第四个子分支，“硬刺”。硬刺是刺猬的标志性特征，硬刺有很多特点，像钢针一样，很硬，又短又密。硬刺不仅可以保护刺猬自己，还可以用来搬东西。最后，描写了一个有趣的场景，刺猬用刺背着瓜溜走，这是其他动物没办法做到的，是细节关键词。

第四步：为重点或细节部分配图。

最后一步，发挥想象力为重点或细节部分配图。例如，它的身体像老鼠，可以在边上画一个小老鼠；硬刺可以保护自己，可以画一个盾牌。只要能够帮助你回忆这篇文章的重点就可以。

以上四步形成的思维导图如图6-9所示：

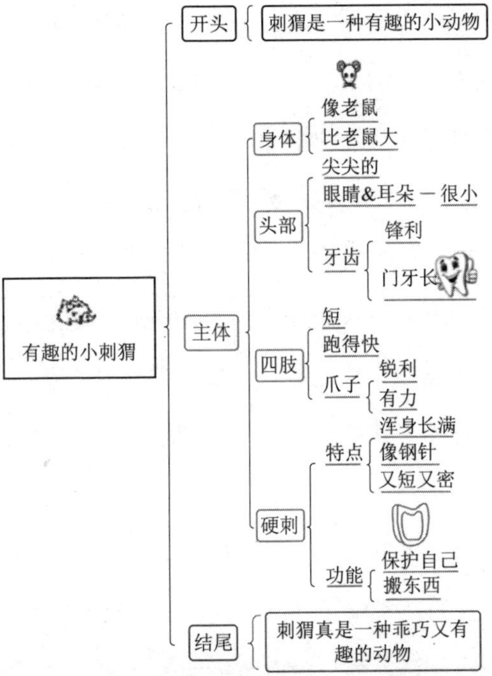

图 6–9 《有趣的小刺猬》思维导图

五、注意事项

在使用思维导图阅读法时，需要注意以下三点。

1. 阅读方法：泛读精读，详略得当

阅读大致分为泛读和精读。用思维导图做阅读适合精读场景，目的是提高孩子的阅读能力。不是每本书都要精读。当孩子遇到自己非常喜欢且想跟朋友分享的图书时，用思维导图精读，可以让孩子体验到精读的妙处。泛读也必不可少。博览图书可以增长孩子的

见识，帮助孩子从多个视角看待一件事情。泛读能接触到更多的图书，从中寻找最经典的一本或几本，再去精读。除此之外，学校教材、经典名著也是非常好的精读资料。

2. 阅读笔记：自由表达，畅所欲言

很多孩子都有写阅读笔记的习惯。利用思维导图进行阅读，画出的思维导图就是一种阅读笔记，它是一种条理清晰的笔记形式。如果孩子刚开始无法完整地做出一张思维导图，我们可以把它进行拆解，每次刻意练习其中的一部分。不用拘泥于形式，可以引导孩子自由地表达。

3. 阅读兴趣：播下种子，静待花开

阅读最重要的是兴趣，最核心的是热爱。阅读能力很重要，但是，如果孩子还没有阅读习惯，没有掌握阅读技能，也不要着急。父母和孩子要达成良好的合作，让阅读每本书成为我们彼此相连的一个个小小的连接点，反哺回来，为亲子关系锦上添花，更为重要的是让孩子保持对阅读的兴趣和热爱，要让孩子通过深入阅读，发现阅读的乐趣，对阅读产生热爱，进而使阅读成为他一生的习惯。

六、习惯养成

首先找一篇短文，可以是简短的小故事，引导孩子按照思维导图拆解这篇短文，重点在于找到关键词和关键句。画完思维导图，总体浏览思维导图后，看看孩子能不能通过思维导图把这篇短文复述出来。

其次，学校教材里的文章是非常好的资料，这部分练习可以跟学校日常阅读作业结合起来，孩子使用思维导图可以更快更好地完成作业，同时也锻炼了技能。

最后，学有余力，在阅读课外经典名著时，可以引导孩子使用思维导图阅读法，它不仅可以帮助孩子更好地理解内容，提升阅读技能，而且锻炼了孩子的思维。

七、如何奖励

为了鼓励孩子借助思维导图高效阅读，可以在家庭观察记录表上记上以下目标。

✓ 看完语文课本里的一篇文章，画出思维导图。

✓ 用思维导图的形式，把最喜欢的文章分享给朋友。

每成功完成一项，就可以在家庭观察记录表记上 20 个积分。

· 小结 ·

本节主要介绍了思维导图高效阅读法，教孩子通过确定主题、确定主分支、细化子分支、标注重点并配图这四个步骤来绘制一张阅读思维导图。绘制完思维导图后，可以让孩子依据思维导图复述文章，这样可以帮助孩子更好地理解文章内容，达到高效阅读的目的。

经过一段时间的练习，相信孩子可以在阅读文章的时候熟练绘制一张思维导图笔记，从而更深入地了解文章的结构，抓住核心要点，提升阅读能力，锻炼条理性思维。

参考文献

[1] 道森，奎尔 . 聪明却混乱的孩子：利用“执行技能训练”提升孩子学习力和专注力 [M]. 王正林，译 . 北京：机械工业出版社，2020.

[2] 饶，西顿 . 如何养育男孩：男孩应该具备的 8 个关键能力 [M]. 李香爱，宋晓丽，译 . 杭州：浙江人民出版社，2014.

[3] 佩里 . 真希望我父母读过这本书 [M]. 洪慧芳，译 . 北京：中信出版社，2020.

[4] 富尔曼 . 儿童技能教养法 [M]. 李红燕，译 . 北京：华夏出版社，2019.

[5] 加拉格尔，斯派拉，罗森布拉特 . 有条理的孩子更成功：如何让孩子学会整理物品、管理时间和制订计划 [M]. 王正林，译 . 北京：机械工业出版社，2020.

[6] 库克 J L，库克 G. 儿童发展心理学 [M]. 和静，张益菲，译 . 北京：中信出版社，2020.

[7] 蚂小蚁 . 教孩子学整理：从收拾玩具到管理自己 [M]. 北京：化学工业出版社，2020.

[8] 高取志津香，日本 NPO 法人 JAM 网 . 忍住！别插手！让孩子独立的自我管理课　整理好身边的物品 [M]. 李俊，译 . 北京：九州出版社，2018.

[9] 汉弗莱 . 即兴演讲：掌控人生关键时刻 [M]. 坰清，王克平，译 . 北京：人民邮电出版社，2018.

[10] 尼尔森 . 正面管教 [M]. 玉冰，译 . 北京：北京联合出版公司，2016.

[11] 日本株式会社旺文社 . 学校学不到的成长课：小学生表达力漫画 [M]. 王新，译 . 广州：新世纪出版社，2021.

[12] 单婷婷 . 好妈妈的家庭作业辅导课 [M]. 南昌：江西人民出版社，2019.
[13] 西格尔，布赖森 . 去情绪化管教，帮助孩子养成高情商、有教养的大脑！[M]. 吴蒙琦，译 . 北京：机械工业出版社，2015.
[14] 高志宏，徐智明 . 育儿基本 2：与孩子合作 [M]. 北京：北京联合出版公司，2018.
[15] 日本株式会社旺文社 . 学校学不到的成长课：小学生也要学的整理术 [M]. 王新，译 . 广州：新世纪出版社，2019.
[16] 憨爸 . 硅谷工程师爸爸的超强思维训练课 [M]. 北京：中国妇女出版社，2018.
[17] 薛林 . 扑克牌算 24 点游戏技巧：从入门到精通 [M]. 北京：化学工业出版社，2016.
[18] 于雷 . 扑克牌思维游戏：让孩子爱上数学的扑克游戏 [M]. 北京：清华大学出版社，2016.
[19] 常青藤爸爸 . 别错过孩子英语学习敏感期：常青藤爸爸教你英语分龄启蒙法 [M]. 上海：华东理工大学出版社，2018.
[20] 真心爸妈 . 阅读手册：成就孩子一生的阅读培养法 [M]. 北京：中信出版社，2020.
[21] 何剑文 . 公文写作思维方法与实战 [M]. 北京：清华大学出版社，2021.
[22] 非常 . 作文，多大点事儿：基础篇 [M]. 北京：人民邮电出版社，2020.
[23] 博勒 . 这才是数学：教师篇 [M]. 朱磊磊，译 . 北京：北京时代华文书局，2017.
[24] 洛克哈特 . 一个数学家的叹息 [M]. 高翠霜，译 . 上海：上海社会科学院出版社，2019.
[25] 孙路弘 . 妈妈教的数学 [M]. 杭州：浙江人民出版社，2016.